50
IDEAS
PARA AHORRAR
AGUA Y
ENERGÍA

ACERCA
DE LA AUTORA

Siân Berry ha sido la candidata a la alcaldía de Londres por el Partido Verde en las elecciones de 2008, así como la fundadora del grupo activista Alliance Against Urban 4x4s (Alianza contra los Todoterrenos en Zonas Urbanas).

Asimismo, es una firme defensora de las energías renovables y el consumo de productos locales.

Ingeniera de formación, ha desarrollado su trayectoria profesional en el campo de las comunicaciones, en especial en todo lo relacionado con la ecología, en concreto en todas aquellas medidas que los ciudadanos podemos adoptar desde ya mismo para mejorar las cosas, así como en las tareas que los gobiernos deben llevar a cabo para que todos podamos llevar de forma sencilla una vida más ecológica.

En su condición de reconocida figura del Partido Verde británico, Siân disfruta de una amplia cobertura en los periódicos nacionales e internacionales y ha participado en numerosos programas de radio y televisión. Su convincente defensa del medio ambiente ha dado pie a un apasionado debate público sobre el uso de los vehículos todoterreno y ha contribuido a que la protección del medio ambiente se haya convertido en un tema candente de la opinión pública británica.

50
IDEAS
PARA AHORRAR
AGUA Y
ENERGÍA

BLUME   **SIÂN BERRY**

BLUME

Título original:
50 Ways to save Water & Energy

Traducción:
Maite Rodríguez Fischer

**Revisión y adaptación de la edición
en lengua española:**
Teresa Llobet Solé
Licenciada en Geografía e Historia
Diplomada en Medio Ambiente
Especialista en sistemas de información geográfica

**Coordinación de la edición
en lengua española:**
Cristina Rodríguez Fischer

Primera edición en lengua española 2009

© 2009 Naturart, S.A. Editado por BLUME
Av. Mare de Déu de Lorda, 20
08034 Barcelona
Tel. 93 205 40 00   Fax 93 205 14 41
e-mail: info@blume.net
© 2007 Kyle Cathie Limited, Londres
© 2007 del texto Siân Berry
© 2007 de las ilustraciones Aaron Blecha

I.S.B.N.: 978-84-8076-814-6

Impreso en Italia

CONSULTE EL CATÁLOGO DE PUBLICACIONES ON LINE
WWW.BLUME.NET

Impreso en papel 100 % reciclado

**EL HOMBRE QUE
MUEVE UNA MONTAÑA
COMIENZA LLEVANDO
PIEDRAS PEQUEÑAS**

Confucio

50 IDEAS...

Esta serie de libros describe una gran variedad de maneras de llevar una vida más ecológica, con independencia del lugar donde nos encontremos: en casa, en el jardín, en una tienda, en el trabajo e, incluso, cuando nos desplazamos. Cada libro contiene cincuenta consejos sencillos, asequibles y creativos que te ayudarán a vivir en este planeta de una forma más ecológica.

Hay muchas maneras de ser ecológico que no requieren una importante inversión de dinero, tiempo, esfuerzo ni espacio. Por otro lado, ahorrar energía también te ayuda a ahorrar dinero, ya que los productos que son respetuosos con el medio ambiente no tienen por qué ser caros ni el último grito en tecnología.

Un jardín de cualquier tamaño —o incluso una de esas jardineras que se colocan en el alféizar de una ventana— permite dar cobijo a una gran diversidad de vida animal, al tiempo que proporciona unas cosechas tan sabrosas como fáciles de obtener y que además permiten ahorrar dinero, ya que no necesitas adquirir frutas ni verduras de importación. Y aquellos que vivimos en las ciudades deberíamos tener presente que la vida urbana permite llevar algunos de los estilos de vida que emiten menos dióxido de carbono.

La serie titulada *50 ideas...* ha sido escrita por Siân Berry, candidata del Partido Verde a la alcaldía de Londres en las elecciones de 2008 y fundadora del destacado grupo activista Alliance Against Urban 4x4s. En los libros que conforman dicha serie nos muestra de qué modo podemos reducir nuestras emisiones de dióxido de carbono, estar a la última moda y disfrutar de la vida sin necesidad de realizar grandes sacrificios:

«Ser ecológico no consiste en renunciar a todos los avances de nuestro tiempo, sino en utilizar las cosas de manera inteligente y creativa con el fin de reducir nuestra emisión de residuos. En estos libros, mi objetivo es mostrarte que todo el mundo puede llevar una vida más ecológica sin necesidad de sufrir molestias.»

INTRODUCCIÓN

Ahorrar agua y energía parece una buena iniciativa, pero ¿por qué resulta tan importante?

La energía es invisible. No tenemos que poner la energía que desperdiciamos en un recipiente para que alguien lo recoja, y las aguas residuales desaparecen sin problema por el desagüe, donde ya no tenemos que preocuparnos más por ellas.

El agua y la energía son los recursos más valiosos del planeta y el hecho de desperdiciarlos también afecta a nuestros bolsillos, y no sólo al medio ambiente.

¿De dónde proviene el agua que utilizamos? ¿Cuánta utilizamos y con qué fin? ¿Qué fuentes de energía empleamos en la actualidad, y cuánto tiempo durarán?

Éstas son preguntas importantes, así que antes de ir al grano y saber cómo ahorrar agua y energía en nuestra vida cotidiana, repasemos algunos de los hechos básicos.

Agua

La Tierra está llena de agua, pero más del 99 % es agua salada del mar o agua congelada en los polos y glaciares. Tan sólo el 0,8 % del agua del planeta está disponible para su empleo por parte de los seres humanos, las plantas y los animales, y así sustentar la vida en el planeta.

Nuestras provisiones de agua fresca provienen en su mayor parte del océano, de donde se evapora para formar nubes y volver a caer como lluvia. El lugar donde cae depende de los patrones climatológicos, y lo cierto es que, al favorecer el cambio climático, estamos cambiando dichos patrones de una forma difícil de predecir. Hasta ahora únicamente hemos presenciado pequeños cambios en el clima, pero éstos han supuesto inundaciones devastadoras y sequías muy severas en todo el mundo, y ambos hechos afectan al suministro de agua.

Por otro lado, el ahorro de agua también supone un ahorro de energía. El agua que sale de los grifos requiere un doble aporte de energía: en primer lugar, para limpiarla y purificarla, y, después, para tratarla una vez se ha utilizado. También consumimos mucha energía para calentar el agua en nuestros hogares, por lo que no desperdiciar el agua caliente es doblemente importante.

Por último, al ahorrar agua y reducir su consumo por debajo del promedio, verás cómo disminuye el consumo total ¡y lo hace también el importe de la factura!

Energía

La mayor parte de la energía sobre la Tierra proviene de la luz y el calor del sol, aunque también la hay en las rocas fundidas en las profundidades del planeta, así como la energía de las mareas, creada por la acción gravitatoria del Sol y la Luna.

Hasta el momento, casi toda la energía que consumimos los seres humanos proviene de combustibles fósiles, como el petróleo, el carbón y el gas, restos de antiguas plantas que retuvieron la energía del Sol hace millones de años.

El empleo de combustibles fósiles presenta dos problemas. El primero es que no son duraderos. No pasará mucho tiempo antes de que no podamos incrementar la velocidad a la que extraemos petróleo del suelo para satisfacer la demanda. Asimismo, las reservas de gas son limitadas, e incluso los enormes depósitos de carbón se agotarán en algún momento.

El segundo problema (y más serio) lo constituye el dióxido de carbono que se libera al quemar los combustibles fósiles. Al acumularse en la atmósfera, provoca un aumento de las temperaturas que facilita el efecto invernadero, lo que ya está comenzando a tener un impacto sobre nuestro clima.

Los climatólogos nos dicen que debemos reducir dramáticamente nuestras emisiones mundiales de dióxido de carbono en las próximas décadas para prevenir el cambio climático. Los países que contaminan más deben realizar los recortes más grandes si el mundo quiere alcanzar este objetivo. Así, debemos comenzar ya a reducir nuestras necesidades energéticas y buscar nuevas maneras de obtener energía que no liberen dióxido de carbono.

La energía que producimos en la actualidad podría cubrir nuestras necesidades muchas veces si la utilizáramos mejor, y sin duda la reducción de los desperdicios en energía tiene un coste inferior al de su producción.

La energía que utilizamos puede dividirse básicamente en tres usos principales: una tercera parte para la industria, otra tercera parte para el transporte y la restante para el hogar.

Hay muchas cosas que podemos hacer como ciudadanos para reducir la energía que se consume en el transporte, y si compramos con cuidado, haciendo valer nuestra fuerza como consumidores para animar a las empresas a ser más verdes, también podemos contribuir en este sentido. La presión a los políticos también es importante, porque son ellos los que pueden llegar a acuerdos internacionales, establecer políticas energéticas y cambiar las reglas por las que se rigen las empresas.

En este libro, analizaré el consumo de energía que realizamos en nuestros hogares. Existen muchas maneras sencillas de ahorrar energía cada día y, al hacerlo, estaremos realizando una importante contribución para frenar el cambio climático, al tiempo que ahorraremos dinero. Después de todo, la energía más barata es la que no pagamos simplemente ¡porque no la necesitamos!

AHORRAR AGUA

El agua dulce es escasa y valiosa. Más de mil millones de personas no tienen acceso a agua limpia, y este número va en aumento. En el año 2025, dos terceras partes de la población mundial podrían estar viviendo en condiciones de escasez de agua y muchas de ellas estarán en países ricos, y no sólo en regiones tradicionalmente relacionadas con las sequías.

En Europa, una persona consume de media 200 litros de agua al día en su casa. Pero el consumo total de agua del que somos responsables en todo el mundo es más de veinte veces mayor, ya que los alimentos y los productos que compramos también consumen agua en su camino desde el productor hasta nosotros (es lo que se conoce como *agua virtual*).

Nuestro cosumo de agua tiene un impacto en todo el planeta y afecta a los países, hábitats y personas que sufren escasez de tan preciado líquido. El capítulo sobre el agua virtual le mostrará cómo reducir el impacto de los productos y alimentos que compra sobre los recursos de agua mundiales.

El agua que utilizamos en nuestros hogares tiene el impacto más significativo sobre los recursos hídricos en nuestro propio país. No resulta fácil bombear agua desde otras áreas y, a diferencia del petróleo que usamos como energía, no hay sustitutos para el agua dulce una vez la hemos contaminado o vertido en el mar.

En la primera sección de este libro, examinaré muchas maneras sencillas e inteligentes de ahorrar agua cada día, ya sea utilizándola mejor en casa o comprando de una manera más inteligente.

Por supuesto, existe un ámbito en el que no debemos ahorrar agua, y es la que bebemos: para disfrutar de una vida sana hay que beber mucha agua. En este caso no conviene ahorrarla, sino todo lo contrario.

LA HIGIENE DIARIA

Puedes pensar que el inodoro es el mayor consumidor de agua en casa, pero en realidad está en segundo lugar.

El agua que utilizamos para lavarnos, esto es, la que consumimos para lavarnos las manos bajo el grifo, cepillarnos los dientes, ducharnos y bañarnos, representa casi una tercera parte de nuestro consumo de agua doméstico.

Estas actividades también suponen una gran fuente de desperdicio, ya que basta dejar un grifo abierto un minuto para enviar 20 litros de agua al desagüe. Existen algunas medidas muy sencillas para ahorrar agua que consisten en mejorar las instalaciones y los hábitos de higiene.

DÚCHATE EN VEZ DE BAÑARTE

Un baño requiere de media hasta 100 litros de agua, mientras que una ducha rápida consume tan sólo 30 litros, así que ésta es una manera realmente sencilla de ahorrar agua cada día.

También puedes ahorrar energía calentando el agua con paneles solares. En cualquier caso, reserva los baños para ocasiones especiales (como al regreso de un campamento) y sustitúyelos por duchas regulares.

SUSTITUYE EL CABEZAL DE LA DUCHA

Las columnas de hidromasaje son una elección muy popular en muchos hogares. Se trata de duchas que emplean una bomba para incrementar el agua que fluye a través del cabezal. Si pasas unos cuantos minutos bajo uno de éstos, podrías estar consumiendo la misma cantidad de agua que dándote un baño.

Sea cual sea el tipo de ducha que tengas, aún puedes ahorrar más de la mitad del agua que consumes cambiando el cabezal de la ducha.

Un cabezal aireador mezcla aire con el flujo de agua para mantener la presión elevada al tiempo que reduce la cantidad de agua empleada. La sensación de las burbujas sobre la piel es muy agradable y, de hecho, multiplican por cuatro la cantidad de agua en contacto con el cuerpo.

3 ARREGLA LOS GRIFOS

No hace falta decir que los grifos que gotean deben repararse tan pronto como se detecte la fuga.

Te sorprendería saber la cantidad de agua que se desperdicia de esta manera: una fuga de una gota por segundo supone una pérdida de más de 15.000 litros al año, y un pequeño hilo de agua puede llegar a enviar 100.000 litros de agua directamente al desagüe.

Lavarse las manos bajo un grifo de agua abierto es otra manera de desperdiciar una gran cantidad de agua, ya que la cantidad que realmente limpia las manos es una pequeña fracción de lo que sale del grifo.

La presión de agua en las tuberías produce un caudal de hasta 20 litros por minuto si el grifo está del todo abierto, pero puedes lavarte las manos con la misma eficiencia con un caudal de agua de 6 litros por minuto. Intenta reducir el caudal y comprobarás los resultados.

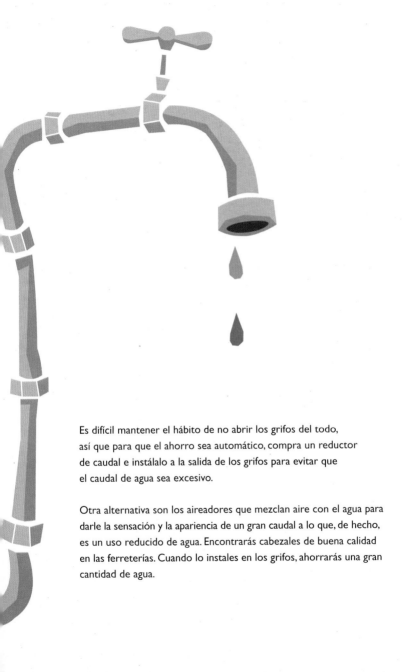

Es difícil mantener el hábito de no abrir los grifos del todo,
así que para que el ahorro sea automático, compra un reductor
de caudal e instálalo a la salida de los grifos para evitar que
el caudal de agua sea excesivo.

Otra alternativa son los aireadores que mezclan aire con el agua para
darle la sensación y la apariencia de un gran caudal a lo que, de hecho,
es un uso reducido de agua. Encontrarás cabezales de buena calidad
en las ferreterías. Cuando lo instales en los grifos, ahorrarás una gran
cantidad de agua.

AHORRAR AGUA EN EL INODORO

No creo que a nadie le sorprenda saber que el inodoro es el responsable de un 30% del consumo doméstico de agua. Cada uno de nosotros descarga la cisterna del inodoro más de mil veces al año, así que vigilar el agua consumida por el inodoro puede suponer un ahorro más que considerable de tan preciado líquido.

Aunque no descargar la cisterna no es siempre una opción (a menos que se trate de aguas menores), existen muchos productos que permiten reducir la cantidad de agua en cada descarga.

Por otro lado, el inodoro nunca debería utilizarse como cubo de basura. Tirar en él otros materiales distintos a los residuos naturales y el papel higiénico no sólo supone un desperdicio de agua: esos desperdicios pueden taponar las tuberías de casa o las de la planta depuradora, o pueden acabar en el mar, donde se convierten en un peligro para la vida marina, antes de acabar arrastrados hasta la playa.

Las tiritas, los bastoncillos de algodón, las toallitas, los preservativos, las lentes de contacto y los productos sanitarios deberían envolverse antes de depositarlos en un cubo de basura, no en el inodoro.

4 INSTALA LA CISTERNA ADECUADA

Los inodoros difieren en la cantidad de agua que utilizan por descarga. Los modelos anteriores a la década de 1950 utilizan hasta 13 litros, mientras que los más modernos sólo consumen 6 litros.

Los inodoros más nuevos también ofrecen la opción de doble descarga, con un pulsador más pequeño que se emplea cuando lo que hay que descargar son aguas menores. Esta opción sólo consume la mitad del agua de una cisterna, así que intenta utilizar este pulsador siempre que te sea posible.

DISPOSITIVOS PARA AHORRAR AGUA

5

Sea cual sea la opción elegida, no sigas el antiguo consejo de colocar un ladrillo dentro de la cisterna. Con el tiempo, se disuelve y desprende partículas abrasivas, que pueden dañar el mecanismo e incluso provocar fugas catastróficas.

Si el inodoro es grande y antiguo, puedes ahorrar un litro de agua o más con cada descarga si añades un dispositivo de ahorro de agua, que hoy en día son de plástico.

Éstos se hallan disponibles en varias formas. El más sencillo, el Hippo, consiste en una simple bolsa de plástico rígido que se coloca en

la cisterna para retener una parte del agua de la descarga.

También puedes improvisar tu propio dispositivo de ahorro colocando en la cisterna una botella de plástico de un litro con agua. Asegúrate de que no queden burbujas de aire, o de lo contrario la botella flotará.

Los sistemas de doble descarga o de flujo variable, que permiten la opción de una descarga más pequeña, también pueden adaptarse a las cisternas más antiguas sin tener que sustituir todo el sistema. Se encuentran disponibles en tiendas de bricolaje o grifería, o bien pregunta a tu fontanero.

6 REPARA LAS FUGAS

Las fugas entre la cisterna y la taza también suponen un desperdicio de agua. Si la fuga es considerable, podrás ver un hilo continuo de agua bajando por la taza.

Las fugas más pequeñas pueden detectarse con un poco de trabajo de investigación. Añade unas gotas de colorante alimentario a la cisterna. Si después de una hora o dos el agua dentro de la taza tiene color, es que hay una fuga, así que llama al fontanero para que la repare.

APROVECHA
LAS AGUAS GRISES

Potabilizar el agua y hacerla apta para el consumo humano requiere de un gran esfuerzo. Toda una serie de procesos que requieren energía y productos químicos tienen lugar en la planta potabilizadora, si bien tan sólo un 4 % del agua en un hogar medio se utiliza para beber o cocinar. La inmensa mayoría, de hecho, se emplea con propósitos que no requieren agua potable.

El término *aguas grises* se aplica al agua de lluvia o a la que se ha utilizado previamente para otros usos, como la ducha o lavar los platos, y puede utilizarse para propósitos que no requieran agua potable, como es el caso del agua para el inodoro. En algunas zonas de Alemania, es obligatorio el sistema de reutilización de aguas grises en las casas de nueva construcción.

Los sistemas de aguas grises en un hogar pueden variar desde un sencillo tanque, que permite recoger el agua de los lavamanos para utilizarla en el inodoro, hasta un sistema integrado de recogida de aguas pluviales y grises, con su correspondiente tratamiento y canalización.

En el futuro, se instalarán sofisticados sistemas de reutilización de aguas grises en los hogares de nueva construcción Si estás construyéndote una casa, o remodelando el cuarto de baño, averigua si puedes aprovechar la oportunidad para reutilizar las aguas grises de alguna manera. La sustitución de una parte del agua potable que utilizas para la cisterna podría suponer un gran ahorro.

El lugar más simple para la reutilización de aguas grises es fuera de casa. Consulta la sección sobre cómo ahorrar agua en el jardín.

EN LA COLADA

Si no tienes una lavadora de ropa en casa y acudes a una lavandería, ¡felicidades! Se ha demostrado que las lavanderías utilizan dos terceras partes menos de agua por persona que las lavadoras particulares.

Las razones detrás de este ahorro incluyen el hecho de que, al tener una lavadora en casa, la utilizamos con mayor frecuencia y para cargas más pequeñas, así como el hecho de que los aparatos de las lavanderías suelen tener un mejor mantenimiento y son más eficientes en su consumo de agua y energía.

Yo lavo mi ropa en la lavandería local, en primer lugar por la falta de espacio y por los problemas que supone la instalación de una lavadora en mi apartamento nuevo. Como resultado, sólo lavo una o dos veces por semana, mientras que la lavadora de un hogar realiza una media de 270 ciclos de lavado al año. Incluso creo que ahorraré dinero a largo plazo; en mi antigua casa, la reparación de la lavadora suponía un gran gasto, y en más de una ocasión una pérdida de agua me destrozó la cocina.

Sin embargo, la lavandería no es adecuada para todos. Si tu familia es numerosa y necesitas lavar la ropa con frecuencia, tiene sentido tener una lavadora en casa. Y, aún así, se puede ahorrar agua eligiendo el modelo adecuado y llenando siempre la lavadora.

8 LAVADORAS ECOLÓGICAS

Todas las lavadoras tienen una etiqueta energética visible en la tienda. En ésta se muestra la puntuación en lo que concierne a su eficiencia energética y también al consumo de agua.

Los modelos más antiguos gastaban hasta 100 litros por ciclo de lavado, pero la media para las nuevas lavadoras ronda los 50 litros, y las mejores pueden llegar a gastar tan sólo 30 litros por ciclo de lavado.

Busca la ecoetiqueta europea (una flor rodeada por las estrellas de la Unión), que certifica que una lavadora ahorra agua y energía, y se fabrica de manera más ecológica.

Si es posible, elige un modelo que también tenga una calificación de A para el ciclo de centrifugado, ya que significa que la ropa queda mucho más seca al final del lavado, y se puede prescindir de la secadora.

LLÉNALA 9

El consumo de agua que aparece indicado en la etiqueta energética es una buena guía para saber la cantidad de agua que te puedes ahorrar comprando un modelo ecológico. Pero recuerda que dicho consumo es sólo válido si llenas la lavadora al máximo en cada lavado, lo que permite reducir también el agua empleada por pieza de ropa.

La ropa no necesita ningún «espacio vital» en las lavadoras modernas. De hecho, únicamente aprovecharás las ventajas de una calificación energética A si la carga es completa. El lavado de cantidades menores y el botón de media carga ahorra alrededor de una cuarta parte del agua y energía de un ciclo completo, así que no resulta una buena opción para el ahorro de agua. Es mejor esperar hasta poder completar la carga.

Para conocer más ventajas de un lavado a plena carga, consulta el consejo 41.

10 DETERGENTES ECOLÓGICOS

Todos los detergentes contienen moléculas que atraen el agua por un extremo y la grasa por el otro. Ésta es la manera como eliminan la suciedad de la ropa.

La mayoría de los detergentes en polvo contienen sustancias fabricadas a partir de productos derivados del petróleo, así como muchos otros productos químicos, como perfumes, blanqueantes y enzimas. A día de hoy, no existe ninguna normativa que exija que estos ingredientes deban ser biodegradables, por lo que una gran cantidad de productos químicos y aditivos acaban en nuestros ríos y mares, donde acaban con la vida marina.

En lugar de comprar los detergentes de las grandes marcas, busca productos fabricados a partir de fuentes renovables, como plantas, y que sean totalmente biodegradables. Son igual de buenos que los de las marcas que se anuncian y, al utilizarlos, ayudarás a ahorrar agua potable para otros propósitos más útiles.

LAVAR LOS PLATOS

Si es mejor lavar los platos sucios a mano o en un lavavajillas es
una cuestión difícil. He hecho tanto lo uno como lo otro, y dadas las
grandes cantidades de agua que oía moviéndose dentro del lavavajillas
(y las nubes de vapor que salen al final), creí durante mucho tiempo
que lavar a mano era mucho más conveniente para el planeta.

Sin embargo, la tecnología ha mejorado y los mejores modelos
de lavavajillas utilizan ahora menos agua que la típica rutina del
lavado a mano: tan sólo 16 litros por lavado, frente a los 40 litros
que requiere lavar y enjuagar una docena de servicios a mano.
Si no quieres mojarte las manos, ahora se encuentran disponibles
numerosos lavavajillas ecológicos.

Por supuesto, los recursos que consume el aparato en cuestión no son
el único factor que hay que tener en cuenta. En realidad, se consume
una gran cantidad de energía y agua en el proceso de fabricación
y transporte de los lavavajillas hasta las tiendas, así que si llevas
a la práctica algunos principios verdes al lavar a mano, aún puedes
mejorar con respecto a la situación actual.

LAVADO ECOLÓGICO A MANO

No calientes demasiado el agua: no sólo es malo para tus manos y para el planeta, sino que además aumentas el riesgo de que se produzcan pequeñas grietas en los vasos. Me apasionan los antiguos vasos de colores que se encuentran en los mercadillos de anticuarios, y he perdido varios de ellos al sumergirlos sin cuidado en agua demasiado caliente.

Resístete a la tentación de enjuagar todo bajo el grifo abierto. Incluso un hilo de agua relativamente fino supone un consumo de unos 5 litros por minuto, lo que reduce de forma significativa las ventajas de lavar a mano. Utiliza detergentes ecológicos para minimizar los residuos tóxicos al enjuagar los platos.

Si aún crees que un enjuagado es esencial, espera a haber apilado todo en el fregadero y vierte lentamente un par de vasos de agua limpia por encima. De esta manera utilizarás mucho menos agua que dejando el grifo abierto durante media hora mientras enjuagas cada pieza una por una.

LAVA A PLENA CARGA

12

Al igual que ocurre con la lavadora, la eficiencia de los lavavajillas es máxima cuando se ponen en marcha con una carga completa de platos sucios. Asegúrate de que todos los platos y tazas sucios de la casa están dentro del lavavajillas antes de ponerlo en marcha para de ese modo sacarle el mayor rendimiento .

Y nunca laves nada dos veces: enjuagar los platos bajo el grifo antes de ponerlos en el lavavajillas es tirar el agua. Así pues, retira los restos de comida y deposítalos en el cubo de basura (lo ideal sería una compostera) antes de colocarlos en el lavavajillas.

COCINAR

Incluso si eres el ecologista más entusiasta, no hay necesidad de ahorrar agua reduciendo la cantidad que bebes o que consumes en la alimentación.

Ahora bien, en la cocina se malgasta una gran cantidad de agua en el proceso de preparación y cocinado de nuestras comidas. Puedes reducirla siguiendo estos consejos, que no sólo mejorarán el sabor de tus platos, sino que además te ayudarán a que conserven sus vitaminas y demás nutrientes.

13 LAVA LAS VERDURAS EN UN CUENCO

Los residuos químicos presentes en la fruta y las hortalizas, así como la necesidad de eliminar la tierra y otros tipos de suciedad, hacen necesario lavar bien los alimentos en cuestión antes de cocinarlos.

Ya sabemos que un grifo abierto malgasta cientos de litros de agua en unos cuantos minutos, por lo que lavar todo un saco de patatas podría significar desperdiciar una cantidad ingente de agua potable por el desagüe.

La mejor manera de limpiar las hortalizas, verduras y frutas es en un cuenco con agua, en vez de bajo el grifo. Además, en el caso de la lechuga, la col y otras hortalizas de hoja verde esto supone que mucha más agua se introduce en los pliegues de las hojas, lo que es mejor que lavarlo bajo el grifo.

Compre una centrífugadira mecánica para preparar ensaladas limpias y saludables sin tener que malgastar grandes cantidades de agua.

REUTILIZA
EL AGUA 14

Tienes razón. Es cierto que reutilizar el agua en la cocina tan sólo supone ahorrar una pequeña cantidad de agua, pero sin duda presenta otras ventajas que hacen que valga la pena.

El agua que se utiliza para cocinar las verduras tiene un buen sabor, así como todas las vitaminas hidrosolubles que pasan al agua durante la cocción; no la tires. Este caldo básico de verdura puede utilizarse para preparar sopas o cocidos, o mejorar el sabor de otros platos que cocines al mismo tiempo.

También puedes hervir más de una cosa a la vez: intenta hervir los huevos junto con los guisantes para ahorrar espacio en la cocina, por no mencionar el ahorro en agua y energía que supone no hervirlo en dos cacerolas por separado.

15 MEJOR COCER AL VAPOR

Hervir las verduras en una gran cacerola no permite optimizar el consumo de agua, y por otro lado tampoco es la mejor manera de conservar los nutrientes: las vitaminas y los minerales esenciales quedan en el agua de cocción, y la textura de una verdura cocinada en exceso no resulta demasiado apetitosa.

La col al vapor se ha convertido en uno de mis platos favoritos gracias a mi colección de cestas de bambú. Cocinar las verduras al vapor con estos originales recipientes es bastante sencillo. Además, prácticamente no pierden agua, por lo que no requieren una atención excesiva, y puedo apilar distintos ingredientes uno encima de otro y cocinarlos al mismo tiempo, lo que permite ahorrar también espacio en la cocina.

La textura y el sabor de las patatas nuevas al vapor es mucho mejor que hervidas. De hecho, yo nunca volvería a hervir las verduras, ni aunque me pagaran por ello.

Por otro lado, las verduras al vapor también son mas sanas. El brócoli cocinado en el microondas o hervido en agua pierde la mayor parte de sus beneficiosos antioxidantes; en cambio, casi el 90 % de dichos antioxidantes se conservan si se cocina al vapor.

REDUCE EL AGUA VIRTUAL

Casi todo lo que compramos o utilizamos implica el consumo de agua durante su proceso de fabricación. El impacto de esta agua virtual no suele ser evidente en nuestro estilo de vida personal, pero sin duda su efecto se nota a escala mundial. Comprando productos de algodón a Egipto, estamos importando agua del Nilo. Y en algunos países africanos, la escasez de agua se debe a la cantidad de agua de riego necesaria para las rosas destinadas a la exportación.

La producción de alimentos es el mayor consumidor de agua. Tan sólo una fracción de las cosechas se riega de forma artificial con agua procedente de ríos y fuentes subterráneas, mientras que el 70 % del agua dulce que se consume en el mundo se dedica a este mismo propósito.

Se necesitan alrededor de 1000 litros de agua para producir un kilo de trigo, y una única taza de café supone el consumo de 140 litros. Asimismo, la producción de carne consume una enorme cantidad de agua.

Otros artículos de consumo, como los automóviles y los frigoríficos, no son una fuente tan obvia de despilfarro de agua, por más que en muchos países industrializados la cantidad de agua fluvial o de fuentes subterráneas que se consume en fábricas y hogares es mayor que la empleada en la agricultura.

El consumo de agua virtual no se mide con tanto esmero como las emisiones de dióxido de carbono, pero los estudios han demostrado que es enorme: se calcula que los bienes que se comercializan cada año en todo el mundo suponen el consumo de la astronómica cantidad de mil millones de metros cúbicos de agua.

Existe una página web en la que puedes introducir la información necesaria, como el lugar de residencia y lo que comes, para calcular tu «huella hidrológica» (o huella de agua) aproximada. Visita www.waterfootprint.org (está en inglés; en español visita www.fundacionvidasostenible.org) y te quedarás asombrado de la cantidad resultante.

Resulta difícil saber cuánta agua virtual puede uno ahorrar cambiando los hábitos, pero puedes seguir estos sencillos pasos que, sin duda, supondrán una diferencia.

16 CONSUME BIENES CON UNA BAJA HUELLA DE AGUA

El que un artículo en particular sea un gran consumidor de agua depende de cómo y dónde se produce, por lo que resulta complicado confeccionar una tabla de clasificación con los «mejores productos». Sin embargo, existen unos principios básicos que te ayudarán a ahorrar agua.

Las plantas de temporada necesitan menos riego artificial, por lo que tienen una huella de agua mucho menor.

La agricultura ecológica ahorra agua, ya que una gran cantidad de ésta se necesita para diluir y aplicar los pesticidas y fertilizantes de los cultivos que no son ecológicos.

Las diferentes variedades de los productos también tienen distintos consumos de agua. Por ejemplo, las patatas Desirée son mejores que las Maris Piper, que necesitan más agua para lograr una buena cosecha (y también constituyen una mejor elección para quienes las cultiven en su jardín y quieran ahorrar agua).

En cuanto a los productos industriales, ropa y demás bienes, el agua virtual es muy difícil de medir. Reducir el número de productos que compras, reparar las cosas que se rompen o estropean, y, por último, reciclarlas o reutilizarlas son acciones que contribuyen a reducir el consumo de agua.

Si reduces la cantidad de materiales que desechas y que van a un vertedero, también estarás contribuyendo a la conservación de los recursos y la energía, por lo que resulta agradable saber que se puede añadir el ahorro de agua a la larga lista de ventajas que comporta un estilo de vida ecológico y con un mínimo de residuos.

SÉ MÁS VEGETARIANO 17

Definitivamente, lo que consume más agua de la necesaria es la cría de animales para el consumo de carne.

La producción de un kilogramo de carne de ternera requiere quince veces más agua que un kilogramo de trigo debido a la gran cantidad de agua que se precisa para cultivar las cosechas con que se alimenta al ganado, además lógicamente del agua que beben los animales. Así pues, la huella de agua de una hamburguesa es de 2400 litros.

Si no quieres renunciar del todo a consumir carne, convertirse en un «semivegetariano» es muy fácil, y también más saludable. Hay estudios que demuestran que una dieta vegetariana suele tener un menor contenido de grasas y más vitaminas y otros nutrientes que una dieta que incluye carne. Los vegetarianos pasan un menor tiempo en el hospital en comparación con quienes consumen carne, y sufren menos enfermedades coronarias, presión arterial elevada y desórdenes intestinales.

A lo largo de los años he incorporado una gran cantidad de platos vegetarianos a mi repertorio culinario. También intento evitar la carne cuando como en un restaurante, así que mi consumo de carne es muy bajo (algunas semanas, de hecho, no como nada de carne).

Sé que es mejor para mí, y también para el medio ambiente, ya que ahorra agua y energía. También me parece que como alimentos más interesantes. Los restaurantes asiáticos y orientales tienen una enorme gama de deliciosos platos sin carne que difícilmente probará quien suela ignorar la sección para vegetarianos de las cartas.

AHORRA AGUA EN EL JARDÍN

El agua que se gasta en un jardín medio supone alrededor de un 7% del consumo doméstico. Pero durante un verano caluroso, cuando se ponen en marcha los aspersores y las mangueras, éste sube hasta más de la mitad.

Más allá de la imposibilidad de mantener un césped verde durante una sequía prolongada (siempre se recupera rápidamente una vez cede el calor), es posible tener un jardín hermoso sin depender de una cantidad excesiva de agua potable.

Elegir con detenimiento las variedades de plantas, recoger el agua de lluvia y reutilizar las aguas grises permiten reducir el consumo total de agua sin por ello renunciar a disfrutar del jardín. De hecho, un jardín resistente a la sequía supone mucho menos trabajo.

18 PLANTAS QUE REQUIEREN POCA AGUA

Elegir variedades de césped que requieren poca agua ayuda a superar los veranos cálidos. Entre éstas se encuentran variedades de gramíneas, festucas y poáceas, y es posible comprar mezclas de hierba tolerante a la sequía en los centros de jardinería.

Para las macetas y los arriates, elige plantas que no necesiten agua en abundancia, en concreto especies con hojas pequeñas o pilosas, así como arbustos con tallos leñosos.

Algunas hortalizas, como los tomates y los calabacines, necesitan mucha agua. Elige, por tanto, especies con un menor consumo de agua, como las espinacas o los guisantes, o bien planta los tomates en sacos de turba, para que retengan el agua.

Y no olvides el acolchado alrededor de las plantas. Una capa de corteza, grava, compost fibroso o mantillo de hoja ayuda a reducir la evaporación del suelo y reduce la necesidad de riego.

Cuando necesites regar las plantas, utiliza una regadera y no una manguera, con la que es fácil despilfarrar cientos de litros en unos pocos minutos.

Aplica el agua a las raíces de las plantas y no a las hojas, y planifica la hora de riego cuidadosamente. El momento más adecuado para regar es a primera hora de la mañana o después de la puesta de sol. De esta manera, la humedad tiene oportunidad de filtrarse en el suelo antes de que el sol comience a evaporarla.

APROVECHA EL AGUA DE LLUVIA

Cualquier experto en jardinería te dirá que las flores y las hortalizas prefieren el agua de lluvia al agua del grifo, así que les harás un favor si recoges una parte de los miles de litros de agua que caen sobre el tejado de tu casa cada año con ayuda de un sencillo barril.

Para recoger aún más agua, conecta varios de ellos para que se vayan llenando uno tras otro.

Es posible que puedas conseguir uno de estos barriles gratuitamente en tu ayuntamiento, o incluso en el centro de jardinería más cercano, donde los encontrarás de diferentes tamaños, incluidos unos especialmente estrechos que no requieren demasiado espacio.

Coloca el barril sobre un puesto elevado para poder llenar la regadera bajo el grifo, y para que los niños no corran peligro, asegúrate de que el barril tiene tapa. Por último, para evitar que los insectos se reproduzcan en él, coloca unas bolas o virutas de poliestireno en la superficie del agua.

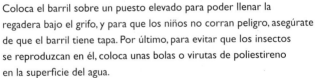

20 REUTILIZA LAS AGUAS GRISES

Las aguas grises que resultan de fregar los platos y ducharse pueden aprovecharse en el jardín y así ahorrar aún más agua.

Las aguas grises se pueden emplear sin problemas en el jardín, aunque, por precaución, evita regar con ellas plantas o cultivos destinados al consumo. Nunca almacenes las aguas grises en el barril para el agua de lluvia, ya que podrían favorecer la aparición de microorganismos nocivos.

Es fácil recoger las aguas grises en la ducha. Simplemente, coloca un cubo cerca de los pies.

Si aún sigues dándote un baño de vez en cuando, compra un adaptador para convertir la manguera en un sifón con la que llevar el agua hasta el jardín. Si el riego con manguera está prohibido en tu zona, puede resultar divertido explicar que no estás infringiendo las normas, sino regando las plantas directamente desde la bañera.

El agua de fregar los platos también puede utilizarse en el jardín, siempre y cuando se eliminen primero los restos de comida. Pasa el agua por un colador y ya estará lista para regar con ella las plantas de exterior.

UN HOGAR DISEÑADO PARA AHORRAR AGUA

Piensa en una casa sin plantas en su interior o a su alrededor; sin macetas en la puerta o las ventanas, sin una valla de setos, sin árboles en la calle, habitaciones sin plantas de interior, y un jardín sin plantas ni arbustos, sólo piedra y hormigón. No resulta demasiado atractivo, ¿verdad?

El deseo de vivir rodeado de vegetación forma parte de nuestra forma de ser, pero lo cierto es que nuestros pueblos y ciudades están siendo despojados poco a poco de sus plantas. Se culpa a los árboles de levantar las aceras y ensuciar las calles, por lo que se talan a miles siguiendo instrucciones de las compañías de seguros y funcionarios cautelosos. Los jardines se asfaltan para generar más espacio donde aparcar, o se pavimentan o enlosan para crear porches o terrazas.

Este proceso de reducción de zonas verdes en nuestras ciudades no sólo las hace menos agradables, sino que las convierte en lugares menos saludables para vivir, y desde luego más susceptibles a los efectos de la climatología extrema, como las olas de calor y los aguaceros.

Las zonas verdes urbanas ofrecen muchas ventajas:
- Limpian el aire al eliminar los gases tóxicos y las partículas pequeñas.
- Enfrían el aire, lo que reduce el efecto «isla de calor» de las ciudades.
- Proporcionan un hábitat para la fauna silvestre.
- Añaden belleza y variedad al paisaje urbano con el cambio de las estaciones.
- Y, lo que es más importante para este libro, absorben las lluvias intensas y, por tanto, reducen el riesgo de inundaciones inesperadas.

Los árboles plantados alrededor de un edificio también permiten reducir las necesidades energéticas de éste último hasta un 25 % al proporcionar sombra en verano y dejar pasar la luz en invierno.

Si mantienes el área alrededor de tu casa plena de vida vegetal, ganarás mucho más que una mejor gestión del agua.

21 | UN TEJADO VIVIENTE

Los tejados vivientes (también conocidos como verdes o vegetales) pueden ir desde unos cuantos centímetros de tierra sobre los que crecen líquenes y musgos, hasta un jardín en la terraza con multitud de plantas.

Dado el enorme espacio desaprovechado en los terrados de las ciudades y pueblos, la conversión de tan sólo un pequeño porcentaje en un tejado vegetal puede suponer una gran diferencia.

Ventajas de un tejado viviente

La lista es interminable, y no sólo se refiere al ahorro de agua. Y es que los tejados verdes proporcionan belleza e interés a los que admiran el paisaje, a la vez que absorben dióxido de carbono y la contaminación ambiental.

Pero la ventaja más importante en lo que al aprovechamiento del agua se refiere es el efecto de los tejados verdes sobre la reducción de las escorrentías pluviales. Este tipo de tejados absorbe en Berlín el 75 % de la lluvia que cae sobre ellos, lo que reduce de forma muy significativa la cantidad de agua que fluye hacia el alcantarillado y disminuye el riesgo de inundaciones.

Una superficie viva en un tejado también proporciona protección frente a la luz ultravioleta y los efectos de las heladas, hasta el punto de incrementar el aislamiento del tejado hasta en un 10 %.

Aunque no todos los animales silvestres treparán hasta un tejado viviente, éstos proporcionan un importante hábitat para los insectos y pájaros, y las mariposas no dudarán en volar hasta una vigésima planta en busca de néctar.

¿Dónde puedo instalar un tejado viviente?

Los tejados verdes industriales se están volviendo una estampa habitual en un gran número de países. La fábrica de detergentes Ecover en Bélgica tiene un tejado verde de casi 100 m^2 cubierto de plantas del género *Sedum*, mientras que la fábrica de Ford Motor Company en Michigan tiene unos 45.000 m^2 de tejado verde, lo que supone una notable mejora en la gestión del agua de la localidad.

Los tejados verdes domésticos son idóneos para las casas con azotea (o terrado) o con tejados a dos aguas con poca inclinación. También pueden instalarse sobre garajes o cobertizos. Una ampliación del hogar puede convertirse asimismo en un lugar idóneo, pero consulta antes a un experto para saber si tu tejado puede soportar el peso adicional.

También es importante que la cubierta del tejado sea impermeable. Un tejado viviente te ayudará a mantener el tejado o terrado en buenas condiciones, pero antes de instalarlo ya debe estarlo.

¿Qué tipo de tejado viviente?

Existen tres tipos de tejado verde: extensivo (con una delgada capa de tierra o grava), semiextensivo (una mayor profundidad de suelo sobre la que pueden crecer hierbas) e intensivo (suelo profundo, capaz de albergar plantas de mayor tamaño).

De éstos, los tejados extensivos y semiextensivos suelen adecuarse a la mayoría de los hogares, mientras que los intensivos son más adecuados para edificios de nueva construcción, donde se integran ya sobre plano.

¿Qué plantas puedo cultivar en un tejado?

Los tejados están expuestos a los elementos y pueden secarse completamente en verano, así que es mejor elegir especies resistentes, como las que crecen en las montañas, los acantilados o los desiertos.

Es recomendable plantar un jardín extensivo con tierra poco profunda y musgos o suculentas verdes del género *Sedum*, que a lo lejos parece hierba, pero es muy resistente a la sequía.

Un tejado más profundo extensivo o semiextensivo puede albergar una mayor variedad de plantas, como las especies alpinas que toleran la sequía, así como flores que crecen en los prados, aunque éstas últimas se secarán en un verano demasiado cálido.

¿Cómo comienzo?

Es muy importante que te dejes asesorar por un experto al planificar la instalación de un tejado viviente, sobre todo por los temas de seguridad. Sin embargo, puedes encontrar consejos en otras fuentes, y un simple tejado extensivo es un proyecto de bricolaje relativamente sencillo.

Para más información, consulta las empresas que aparecen en las págs. 124-128.

22 NO PAVIMENTES EL JARDÍN

Los jardines frente a las casas se están convirtiendo en una especie en serio peligro de extinción, amenazados por los aparcamientos para coches, así como por la tendencia al minimalismo y al bajo o nulo mantenimiento de los espacios exteriores.

Éste es un ejemplo triste, aunque muy pertinente, sobre el efecto de una decisión individual aparentemente innocua que, combinada con otras, puede tener un efecto enorme sobre el medio ambiente.

En Londres, en los últimos años, hemos perdido un área de espacio verde en los jardines frente a las casas del tamaño de veintidós veces el Hyde Park, lo que representa un total de algo más de 3000 ha. Si esta superficie se pavimentara toda junta de una sola vez, sin duda generaría un enorme rechazo popular, pero al suceder en muchas pequeñas etapas ha pasado prácticamente desapercibido.

El mismo problema tiene lugar en otros países, donde casi dos terceras partes de los jardines frente a las casas se han pavimentado.

La pérdida de jardines en los pueblos y las ciudades provoca no pocos problemas, algunos de los cuales no resultan obvios (menos espacios verdes absorberán menos contaminación, y la seguridad de las personas que caminan por las aceras se ve afectada debido a los numerosos coches que las cruzan para aparcar). La pérdida de superficies que absorben la lluvia intensa es uno de los efectos más serios, ya que aumenta el riesgo de inundaciones inesperadas.

Una solución a este problema es obvia: no pavimentes o asfaltes el jardín. Si has heredado un patio delantero desnudo del propietario anterior de la casa, levanta el pavimento y planta algunos arbustos de fácil mantenimiento, o bien sustituye el pavimento por grava (no resulta tan adecuado para la vida silvestre o la contaminación, pero es una superficie mucho más porosa que absorbe mejor las lluvias intensas).

En las áreas donde una superficie dura sea esencial, existen varias opciones que incrementan el potencial de drenaje del suelo.

La grava constituye una alternativa válida, siempre y cuando no se coloque una cubierta impermeable debajo. Otras opciones incluyen las losas con agujeros de drenaje, así como las baldosas fabricadas a partir de plástico reciclado o vidrio triturado que dejan pasar el agua. Si debes aparcar el coche en el camino de entrada a casa, considera la utilización de estos materiales en las dos franjas por donde hayan de pasar las ruedas y deja otra entre ellas en la que puede crecer plantas resistentes.

AHORRAR ENERGÍA

¿Por qué ahorrar energía en casa?

En total, un 30% de nuestras emisiones de dióxido de carbono provienen de nuestros hogares, pero podríamos reducirlas en dos terceras partes con unas medidas adecuadas para el ahorro de energía.

La mayoría de estas medidas son fáciles de implantar y no requieren un esfuerzo diario. Entre ellas se encuentran un buen aislamiento, el reajuste del termostato de la calefacción o la compra de electrodomésticos más eficientes. Otras medidas pueden volverse fácilmente parte de tu rutina diaria, y no afectarán en gran medida a tu calidad de vida; de hecho, incluso podrían hacerte la vida más fácil.

Como la calefacción de nuestros hogares requiere tanta energía, cualquier acción que reduzca la energía necesaria para calentarlos resulta una buena inversión. Esto no significa que debas pasar el invierno tiritando. De hecho, las ideas para el ahorro de energía recogidas en estos capítulos harán que tu casa resulte todavía más confortable y al mismo tiempo reducirán el importe de tus facturas.

Fuera de casa

No dejes de ahorrar energía cuando salgas de casa. Como la reducción de las emisiones de dióxido de carbono también supone un ahorro de dinero, todo lo que se necesita para difundir la cultura del ahorro de energía en el trabajo es la iniciativa de los empleados entusiastas como tú.

A nivel de barrio, la promoción de iniciativas para el ahorro de energía permiten gestionar mejor los recursos y, sin duda, son fuente de no poca diversión para quienes se involucren en dichas actividades.

AÍSLA TU HOGAR

Comenzaremos por el aislamiento, ya que el mejor tipo de calefacción es el que no hay que encender, gracias a que nuestro hogar retiene el calor y no lo deja escapar para calentar las calles.

Alrededor de unas tres cuartas partes del calor se escapan a través del techo, ventanas, paredes y puertas si la casa presenta un aislamiento térmico deficiente. Muchas de las medidas que puedes tomar para recortar el coste de este despilfarro de la energía tienen un coste reducido, y se amortizan en un año o dos.

Otras medidas tardan algo más en amortizarse, pero te permitirán disfrutar de un hogar más acogedor durante todo este tiempo, y a la vez también reducirás las emisiones de dióxido de carbono.

23 AÍSLA EL TEJADO

Alrededor de una tercera parte de las pérdidas de calor se deben a un tejado con un aislamiento deficiente. Un correcto aislamiento de este espacio permite reducir estas pérdidas de forma drástica.

Pueden emplearse una gran variedad de materiales diferentes, y se necesita un grosor de al menos 200 mm (aunque es preferible que sea superior a 300 mm).

El material más barato es la lana de vidrio, o lana mineral, que se fabrica en grandes rollos y es muy fácil de instalar. El poliestireno también se suele emplear en los casos en que se prefieren las planchas rígidas (o también puede emplearse de forma expandida para rellenar los huecos de las paredes). Sin embargo, estos materiales contienen muchos productos químicos y su fabricación consume una gran cantidad de energía. Por otro lado, la fibra de vidrio también puede llegar a suponer un problema para la salud, por lo que hay que llevar las prendas de protección adecuadas al instalar este tipo de aislamiento.

Existen muchos materiales de origen natural y que son muy adecuados para su empleo como aislamiento, muchos de los cuales consumen muy poca energía durante su proceso de fabricación; además, contienen pocos productos químicos y se pueden reciclar después de su uso.

Busca los aislantes fabricados a partir de:
• Lana de oveja (conocido como Therma Fleece)
• Periódico reciclado (conocido como Warmcel)
• Fibras de cáñamo o lino (entre las marcas más conocidas están Isonat y Flax 100)
• Tablas de fibra de madera (residuos prensados de la industria maderera)

Un tejado sin aislar representa hasta una tercera parte de las pérdidas de calor de un hogar.

La misma cantidad de calor puede perderse a través de las paredes sin aislamiento.

Otro 20 % puede perderse a través de las ventanas sin cámara.

24 AÍSLA LAS PAREDES

La mayoría de las casas de ladrillos construidas en los últimos cien años tienen paredes huecas, compuestas por dos capas de ladrillo con una pequeña cavidad entre ellas. Rellenar esta cavidad con material aislante resulta sencillo y barato, y puede amortizarse gracias a la reducción de la factura en tan sólo dos años. Para rellenar la cavidad, los especialistas simplemente taladran un hueco en la pared y bombean el material. Puede requerirles únicamente un par de horas, pero los beneficios durarán toda la vida. Infórmate de si existe algún tipo de subvención para sufragar los costes de este tipo de aislamiento.

Las casas más viejas con paredes sólidas suelen ser más complicadas de aislar. Los plazos de amortización son más largos porque el proceso es más laborioso y requiere el trabajo de un especialista, aunque también es posible que puedas optar a algún tipo de subvención.

Aislamiento externo

Consiste en cubrir la casa con una delgada capa de material aislante, sobre la que a su vez se aplica un nuevo revestimiento en la fachada. Es la mejor opción, ya que retiene la masa térmica (*véase* pág. 66) del hogar.

Aislamiento interno

Supone la colocación de una delgada capa de material similar directamente sobre las paredes interiores, o la construcción de un bastidor de madera que se rellena con material aislante y se vuelve a recubrir con tabiques de pladur.

El aislamiento interno reduce de manera efectiva las pérdidas de calor, pero también reduce la masa térmica y el espacio interior. Sin embargo, es más barato que el aislamiento externo y resulta adecuado para un apartamento, donde tan sólo deben cubrirse las paredes exteriores.

MEJORA LAS VENTANAS

25

Las ventanas que no cierran bien y tienen un único cristal son responsables de hasta una quinta parte de la energía que se pierde en el hogar.

Aísla las ventanas

La colocación de burletes alrededor de las ventanas es una tarea sencilla que puedes hacer en unas cuantas horas. Estos burletes suelen estar fabricados con espuma autoadhesiva que se comprime y sella la ventana cuando se cierra.

No olvides aislar también las puertas. La de la entrada debería tener una escobilla aislante sobre el buzón, y en cualquier puerta exterior debería instalarse un perfil con escobilla en la parte inferior.

Ventanas dobles

El doble acristalamiento reduce las pérdidas a través de las ventanas a casi la mitad. Incluso si vives en una zona resguardada del frío, no debería ser un problema encontrar ventanas con doble acristalamiento que se parezcan a las originales (la mayoría de los fabricantes tienen versiones con doble cristal).

Las ventanas también comienzan a tener etiquetas de eficiencia energética como las de los frigoríficos. La Asociación Española de Fabricantes de Fachadas Ligeras y Persianas (ASEFAVE) ayuda a buscar las ventanas con la mayor puntuación en el estilo que buscas, así como a encontrar una empresa en tu zona que te las instale.

CALEFACCIÓN NATURAL

Puedes utilizar la energía solar para calentar la casa sin instalaciones especiales, sencillamente aprovechando el calor natural de las ventanas y la masa térmica. Una casa con elevada masa térmica no sólo permanece más caliente en invierno, sino más fresca en verano, lo que supone una doble ventaja.

La creación de barreras entre el interior y el exterior de la casa no debe realizarse únicamente con aislamientos. Un porche puede ser muy atractivo, a la vez que constituye una «esclusa de calor» que retiene el aire frío.

Un correcto acristalamiento en el lugar adecuado permite captar la energía del sol y llevarla hasta el interior del hogar. Si no puedes cambiar las ventanas de sitio (la mayoría de las veces no podemos), un invernadero o un jardín de invierno pueden ser la solución. Además, son útiles y atractivos, y añaden valor a tu casa.

26 APROVECHA LA MASA TÉRMICA

Todos hemos entrado en un castillo o una iglesia en un día cálido y hemos notado lo fresco que se mantiene su interior. La razón es que estas construcciones poseen una gran masa térmica, esto es, una gran cantidad de piedra en las paredes que requiere un largo período de tiempo para calentarse y enfriarse, lo cual ayuda a regular la temperatura del interior.

En el caso de una iglesia fresca, las gruesas paredes, una vez se han enfriado durante la noche, continúan absorbiendo el calor durante el largo día de verano, lo que permite mantener la temperatura fresca.

Pocos de nosotros visitamos los castillos de noche, pero, si lo hiciéramos, también nos daríamos cuenta de que las paredes permanecen calientes, con lo que la temperatura interior se mantiene más alta que la exterior. Puede que hayas notado cómo una pared de piedra permanece caliente mucho rato después de que el Sol se ha puesto: una vez más, se debe a la gran masa térmica de este material.

En un hogar con un aislamiento deficiente, ocurre justo todo lo contrario. En un día cálido, las paredes absorben el calor rápidamente y no ayudan a enfriar el interior, mientras que en una noche fría, el calor se pierde a través de las paredes, lo que hace que el interior se enfríe también.

Cómo aumentar la masa térmica de la casa

Si estás construyendo una casa nueva, considera la masa térmica al decidir los materiales de construcción.

Pero no son únicamente las paredes las que contribuyen a aumentarla. Cualquier elemento de la casa se suma a la masa térmica total, así que el uso de materiales como la piedra en una chimenea o en el suelo pueden suponer una gran diferencia en la masa térmica.

Si amplías tu casa, utiliza materiales con una gran masa térmica, ya que te ayudarán a regular la temperatura interior.

Entre los materiales con gran masa térmica se encuentran:
• Ladrillo (para paredes y suelos)
• Hormigón (aunque su fabricación provoca muchas emisiones de dióxido de carbono)
• Piedra (mejor en suelos)
• Agua (ésta es la razón por la que los radiadores son una buena idea durante todo el año)

La capacidad de los materiales para absorber calor también se incrementa si son de un color oscuro. Intenta poner piedra de color oscuro en el suelo del jardín de invierno o cocina, o pinta las paredes frente a las ventanas que dan al sur de un color más oscuro, para de ese modo captar el calor del sol que incide sobre ellas.

El lugar en el que se coloque el aislamiento también supone una gran diferencia. El aislamiento de los huecos de las paredes elimina la pared externa de ladrillos de la ecuación de la masa térmica, y el aislamiento interior, aunque resulta excelente para retener el calor en invierno, reduce la masa térmica de las paredes de forma considerable y hará que sean más cálidas en verano.

SACAR PARTIDO A LAS VENTANAS

27

La mejor manera de captar el calor del sol es colocando las ventanas en los lugares adecuados alrededor de la casa.

Una casa solarmente eficiente tiene más ventanas en las paredes que dan al sur, y menos y más pequeñas (o ninguna) en las paredes orientadas al norte. De esta manera se asegura que el calor matutino se capte al máximo en invierno y se evita que el calor se pierda en la cara más fría de la casa.

Las ventanas orientadas al este y al oeste son más problemáticas. Resulta bastante fácil proyectar sombra a una ventana orientada al sur con un toldo o alero, pero, en verano, las ventanas orientadas al oeste pueden provocar un sobrecalentamiento, ya que recibe directamente el sol de la tarde, lo que las hace difíciles de resguardar.

Una manera inteligente de evitar un exceso de sol en verano es colocando árboles y arbustos de hoja caduca en el exterior de las ventanas orientadas al sur y al oeste: en invierno, cuando se necesita el calor del sol, estarán desnudos y dejarán pasar la luz; en verano, en cambio, estarán cubiertos de hojas y proporcionarán una refrescante sombra.

Doble acristalamiento

Asegúrate de que las ventanas tienen un doble acristalamiento o te encontrarás con que las pérdidas de calor a través de un acristalamiento simple en invierno superarán cualquier ventaja del calentamiento solar. Instala ventanas con doble acristalamiento y con un recubrimiento de baja emisividad en la pare interior. Este recubrimiento permite que la luz entre y caliente la habitación, pero refleja la luz infrarroja que proviene del interior de la habitación, lo que reduce el calor que se escapa hacia el exterior.

28 UN PORCHE O JARDÍN DE INVIERNO

Una puerta principal que se abre hacia el recibidor deja entrar una ráfaga de aire frío cada vez que se abre, lo que reduce de forma más que notable la eficiencia energética.

Un porche que añade una puerta adicional entre el interior y el exterior ayuda a reducir este efecto al actuar como una esclusa de calor. Además, es atractivo y es un lugar perfecto para dejar los zapatos mojados y los paraguas. Incluso puedes utilizarlo como miniinvernadero para cultivar hierbas aromáticas y tomates.

Un jardín de invierno es una manera sorprendentemente efectiva de sacar el máximo partido al sol durante dicha estación. El área acristalada calienta el aire antes de entrar en la casa, y también actúa como barrera de aislamiento externo. Con una ventilación efectiva y materiales con una gran masa térmica, un jardín de invierno se convierte en un aliado perfecto para mantener la casa fresca en verano.

Además del consiguiente ahorro de energía, un jardín de invierno resulta una adición útil a cualquier hogar, ya que proporciona un lugar soleado donde cultivar plantas y sentarse en los días cálidos, e incluso aumenta el valor de la casa si está bien construido.

Es muy importante considerar a fondo el diseño, los materiales y la orientación del jardín de invierno si es que te decides a construirlo. Uno mal diseñado y abierto hacia el resto de la casa durante todo el año doblará la factura de la calefacción.

Recuerda estos consejos si planeas instalar un jardín de invierno:

• Mantenlo separado del resto de la casa. Construye un jardín al que se pueda acceder a través de puertas ya existentes que se puedan sellar en los días más fríos del invierno.

• Sitúa el jardín de invierno en la cara sur de la casa, o en el sureste si no es posible. Diséñalo de tal manera que la mayor superficie acristalada se encuentre en las paredes orientadas al sur.

• Utiliza materiales con una gran masa térmica, como el ladrillo y la piedra, para las paredes y el suelo. El calor del sol que llegue a estos materiales quedará almacenado y se liberará más tarde, lo que incrementará el efecto calorífico del jardín.

• No calientes el jardín de invierno de manera artificial: deja que lo haga el sol.

• Adapta una ventana de ventilación para llevar el aire caliente hacia el interior de la casa. Recuerda cerrarla los días muy fríos.

• Asegúrate de que el jardín de invierno pueda ventilarse a través de la parte superior de las ventanas o a través del techo. De esta manera lo podrás utilizar para ventilar la casa en verano y evitar que se caliente demasiado.

CALEFACCIÓN CON BAJA EMISIÓN DE DIÓXIDO DE CARBONO

La acción del sol y el aislamiento térmico por sí solos no son suficientes para proporcionarte toda la calefacción necesaria, sobre todo en invierno. Así, ¿cuál es la mejor manera de calentar una casa? Existen una gran variedad de opciones distintas, por lo que pueden llevar a cierta confusión.

En general, los sistemas que utilizan radiadores o tuberías llenas de agua caliente son la manera ideal de proporcionar un calor suave y perdurable. El agua posee una gran masa térmica, por lo que el calor se mantiene mucho después de haber apagado la caldera; además, las tuberías y los radiadores no levantan polvo, como sí ocurre con algunos sistemas de calentamiento por aire.

Existen muchas maneras de calentar el agua de los radiadores, unas más ecológicas que otras. En este capítulo repasamos las ventajas y los inconvenientes de algunos de los combustibles que se suelen emplear.

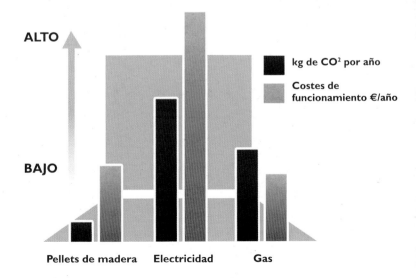

ALTO

BAJO

■ kg de CO^2 por año

■ Costes de funcionamiento €/año

Pellets de madera   Electricidad   Gas

29 CÓMO CALENTAR

ELECTRICIDAD

La calefacción eléctrica es una de las maneras menos eficientes de convertir el combustible en calor. Con la electricidad generada a partir de gas, tan sólo una tercera parte de la energía generada llega hasta tu casa para utilizarse como calefacción, mientras que una caldera de gas eficiente puede convertir más del 90 % de la energía del combustible en calor.

Es mejor reservar la electricidad para iluminar y los electrodomésticos que para producir calor, así que evita los calefactores eléctricos.

ENERGÍA SOLAR

Una gran parte de la energía del sol nos llega en forma de calor, por lo que captarlo para emplearlo en nuestro hogar es bastante sencillo. De la misma manera que las medidas «pasivas» descritas en el capítulo anterior, también puedes utilizar la energía solar activa para calentar el agua de casa. En las viviendas de nueva construcción, también pueden utilizarse los paneles solares para calentar el agua de la calefacción por suelo radiante. Sin embargo, si tu casa no es de nueva construcción, la mejor manera de utilizar la energía solar es para calentar el agua de la ducha y los grifos.

¿Cómo se calienta el agua con energía solar?

Existen dos tipos principales de paneles para calentar el agua. El primero consiste en una placa plana de color oscuro detrás de un cristal que capta el calor y lo transfiere a un fluido contenido en conducciones de cobre detrás de la placa. El segundo, más eficiente tiene múltiples placas colectoras de cobre en una serie de tubos al vacío. Así se reduce el calor perdido por el contacto con el resto del sistema y se asegura que una mayor parte de la energía solar se transfiera al fluido.

¿Qué cantidad de agua puedo calentar?

En verano, es fácil obtener agua caliente sin calefacción auxiliar. En invierno, el sistema será capaz de precalentar el agua y ahorrar energía, pero necesitarás un refuerzo a partir de una caldera de gas o madera para obtener agua caliente. En promedio, puedes calentar más de la mitad del agua caliente con un sistema de tamaño medio (entre 2 m^2 y 4 m^2), incluso en el norte de Europa.

Debido a que la calefacción por energía solar utiliza energías renovables, suelen concederse subvenciones para sufragar parte del coste de la instalación.

BOMBAS DE CALOR

Las bombas de calor funcionan de la misma manera que el frigorífico, aunque de manera inversa. En lugar de utilizar un líquido para extraer el calor de una caja, captan éste último del exterior de la casa, lo concentran y lo transfieren al agua presente en el sistema de calefacción.

Las bombas de calor son una manera muy eficiente de utilizar la electricidad como calefacción, ya que por cada kWh de electricidad se generan 3 kWh de calor. Esto hace que los costes totales de funcionamiento sean los mismos que en el caso del gas, aunque con menores emisiones de dióxido de carbono. El ahorro exacto depende del origen de la electricidad; la combinación más ecológica es una bomba de calor que funciona con electricidad generada a partir de fuentes renovables.

Las bombas de calor tierra-agua son las más eficientes, ya que las tuberías que contienen el líquido se entierran en un pozo o en zanjas a un metro de profundidad. Por debajo de esta profundidad, la temperatura permanece constante casi todo el año. Las bombas de calor aire-agua llevan a cabo el mismo proceso utilizando el calor del aire exterior, pero no funcionan demasiado bien en climas fríos.

GAS

Las mejores calderas de condensación pueden alcanzar hasta un 90%
de eficiencia. Son más eficientes porque están diseñadas para captar
una mayor parte del calor de los gases de combustión.

Si la caldera tiene más de quince años, conseguirás un ahorro de
hasta el 35% en la factura de gas si la sustituyes por una de etiquetado
A (y una reducción similar en las emisiones de dióxido de carbono),
lo que desde luego supone una buena inversión.

MADERA

Ya se pueden encontrar en el mercado unas calderas de pellets de madera
de alto rendimiento, que convierten el combustible en calor con una
eficiencia de alrededor del 80%.

Ya que el combustible que utilizan es de crecimiento reciente (la captación
de dióxido de carbono de la atmósfera en lugar de los combustibles
fósiles), las emisiones efectivas de esta modalidad de calefacción son muy
bajas. Los pellets se fabrican a partir de residuos de la industria maderera
en lugar de una tala insostenible, y estos sistemas de calefacción también
tienen un coste de funcionamiento bastante económico.

A diferencia de las estufas de madera tradicionales, que necesitan rellenarse
con frecuencia, los aparatos modernos disponen de un almacén dentro
del quemador, que tan sólo debe rellenarse cada pocos días.

CONTROLA EL TERMOSTATO 30

Todos sabemos que bajar el termostato un grado centígrado ahorra un 10% de la factura de la calefacción, pero con una buena calefacción programada y controles periódicos, puedes ahorrar aún más. Utilizando la calefacción únicamente cuando la necesites y regulando la temperatura con mayor precisión, puedes contribuir de manera importante a combatir el cambio climático.

Si el sistema de calefacción sólo dispone de un interruptor de encendido/apagado, o funciona con un termostato básico, instala un panel de control más sofisticado.

Los modernos controles digitales permiten ajustar la temperatura deseada con una precisión de hasta medio grado, así como encender la calefacción en distintos intervalos del día cada día de la semana. También permiten ajustar los tiempos de calefacción del agua y los radiadores de manera independiente.

Los nuevos paneles de control pueden instalarse incluso sin necesidad de sustituir la caldera. La instalación de termostatos individuales a los radiadores permite reducir el consumo en aquellas habitaciones que no se utilizan. No instales un termostato al radiador de la habitación donde se encuentra el termostato principal de la calefacción, ya que podrían interferir entre sí y calentar otras habitaciones en exceso.

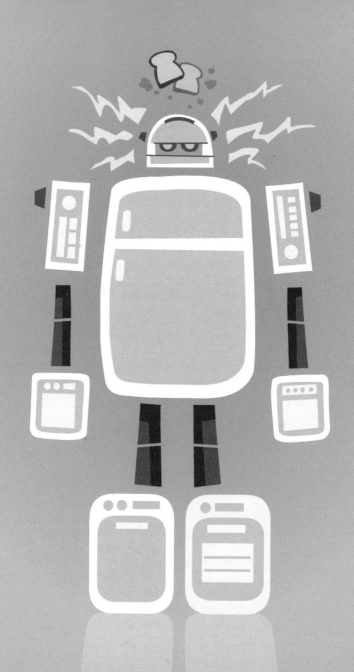

AHORRAR ELECTRICIDAD

Conforme reducimos la energía utilizada para la calefacción, la proporción de emisiones de dióxido de carbono generadas por la electricidad que utilizamos para accionar las luces, los aparatos eléctricos y los electrodomésticos en nuestro hogar se incrementa. En las casas de nueva construcción con un buen aislamiento, la electricidad es responsable de alrededor de una tercera parte de todas las emisiones de dióxido de carbono.

El siguiente punto más importante en nuestra lista de ahorro energético es, pues, el ahorro de electricidad.

De hecho, la cantidad total de electricidad empleada en los hogares se ha duplicado desde la década de 1970 y continúa creciendo sin cesar conforme compramos más aparatos eléctricos y los empleamos con mayor frecuencia. En España, desde 1997 el consumo ha aumentado un 54%

Muchos equipos nos aportan un gran beneficio y nos ayudan a hacer nuestras ajetreadas vidas más sencillas, por lo que no voy a sugerir que renunciemos a ellos, pero resulta fácil dejar que los equipos que sólo empleamos de vez en cuando se conviertan en «vampiros eléctricos» dejándolos en posición de espera *(standby)*, mientras consumen energía y no realizan ninguna función útil.

Si utilizas bombillas y aparatos electrónicos más ecológicos, y los apagas del todo a la vez que aprovechas sus posibilidades de ahorro de energía, puedes reducir la factura de electricidad sin renunciar a la comodidad que éstos te aportan.

31 | VIGILA EL CONSUMO

En cualquier actividad encaminada al ahorro de electricidad, resulta útil saber cuáles son los resultados si se quiere mantener la motivación de toda la familia.

La factura eléctrica es una buena guía para saber cuánta energía se consume. La cantidad de energía se muestra en kilovatios-hora (kWh). Un kWh es una unidad de medida de la energía eléctrica y equivale al consumo de un aparato que consume 1000 W durante una hora. La generación de esta energía es responsable de la emisión de dióxido de carbono a la atmósfera y contribuye al cambio climático.

La cantidad de emisiones depende de la manera en que se genera la energía; en el Reino Unido, cada kWh del consumo nacional representa unos 600 g de emisiones de dióxido de carbono de las centrales eléctricas.

Así pues, si la factura de la electricidad muestra un consumo de 1000 kWh en tres meses, esto significa que tu consumo de electricidad ha generado un total de 600 kg de dióxido de carbono, la misma emisión que conducir un coche familiar unos 4000 km.

UTILIZA LUZ
MÁS ECOLÓGICA

32

Cada vez somos más sofisticados en
la manera de iluminar nuestro hogar,
sustituyendo una única gran lámpara
en el techo por un grupo de
lámparas más pequeñas, o bien
instalando focos halógenos en
armarios o huecos en las paredes.
Cada hogar tiene una media de
veintitrés bombillas, y se espera un
aumento de tres más en quince años.

Demasiadas de estas lámparas utilizan
aún las antiguas bombillas incandescentes.
Las bombillas fluorescentes compactas
de bajo consumo de energía se encuentran
ya disponibles para prácticamente cualquier tipo
de lámpara, por lo que no tiene sentido emplear bombillas que requieren
cuatro veces más energía y duran tan sólo una doceava parte.

Si todos los hogares sustituyeran tres bombillas tradicionales por
modelos de bajo consumo, ahorraríamos la energía necesaria para
alimentar todas las farolas de nuestras calles, y si sustituyéramos
las veintitrés bombillas, ¡el ahorro sería colosal!

A veces resulta difícil encontrar una gama completa de bombillas
de bajo consumo en las tiendas, pero los proveedores *on-line* suelen
tenerlas en todos los tamaños. ¿Por qué no visitas las páginas web
al final del libro y encargas las bombillas para las lámparas que aún
no has cambiado?

33 CONTROL DEL CONSUMO ELÉCTRICO

Las facturas de la electricidad nos llegan tan sólo seis veces al año, lo que no resulta de demasiada utilidad si lo que se pretende es medir el ahorro introduciendo medidas de ahorro energético y ecológicas cada semana.

Una buena manera de vigilar el consumo excesivo de electricidad y medir el éxito de los esfuerzos por ahorrar energía consiste en comprar un aparatito que lee el contador y muestra el consumo de energía (a tiempo real) en una pantalla portátil que se puede situar en cualquier lugar de la casa.

Dos de los productos que ya están en el mercado son los monitores Electrisave y Efergy. Los monitores de estos equipos muestran exactamente lo que lee el contador, minuto a minuto, por lo que puedes encender la televisión o una lámpara y te mostrará al momento cuántos kilovatios está consumiendo. Si te resulta difícil pensar en kilovatios, no te preocupes, también puedes cambiar el monitor para que te muestre las emisiones de dióxido de carbono o incluso el coste en euros.

Estos equipos son una manera excelente de animar a toda la familia a adoptar mejores hábitos de ahorro de energía. Una rápida lectura del monitor antes de ir a dormir también te permitirá saber si te has dejado algo encendido.

Las personas que tienen paneles solares y turbinas eólicas en sus hogares también tienen un monitor como éste para ayudarles a verificar cuánta energía están generando, además de la que están consumiendo. Como resultado, utilizan hasta un 25 % menos de electricidad.

34 APARATOS MÁS LIMPIOS

Elegir los modelos de electrodomésticos más duraderos, y emplearlos de modo inteligente, supone una enorme diferencia en cuanto al consumo doméstico de electricidad.

Línea blanca (frigoríficos y lavadoras)

De todos los aparatos eléctricos, los de línea blanca son responsables de un 40% del consumo energético de nuestro hogar. Desde la introducción del etiquetado energético, resulta fácil elegir el modelo más ecológico, de hecho, cada vez son más las tiendas donde resulta difícil encontrar un modelo que no esté catalogado como A o A+. Gracias a ello, la energía consumida por estos electrodomésticos se está reduciendo en un 2% al año.

Sigue los consejos de la sección de cocina para sacar el máximo partido a las principales características energéticas de los diferentes aparatos.

Aparatos electrónicos

¿Cuántos de los equipos de la siguiente lista estaban en tu casa cuando eras pequeño?
- Aparato de vídeo
- DVD
- Contestador automático
- Consola de juegos
- Decodificador de TDT
- Teléfono móvil

Gracias a la obsesión de mi padre por ver los partidos de críquet durante la noche, le compramos un aparato de vídeo en 1982, lo que entonces suponía una gran novedad. Hoy en día, en cambio, la mayoría de los hogares tienen todos estos equipos como quien tiene una silla.

A diferencia de las lavadoras, los nuevos aparatos electrónicos consumen más energía que sus predecesores. De hecho, las funciones adicionales y las mejoras introducidas pueden convertir los modelos más recientes en grandes consumidores de energía (una televisión de pantalla de plasma puede consumir hasta el doble de energía que el modelo al que sustituye).

En el año 2010, los aparatos electrónicos habrán superado a los equipos de línea blanca y se convertirán en los mayores consumidores de electricidad en el hogar, de modo que un 45 % del consumo total provendrá de los equipos de entretenimiento, ordenadores y demás aparatos.

¿Cómo podemos ahorrar energía con nuestros aparatos electrónicos sin renunciar a la diversión y el entretenimiento que nos proporcionan? Prueba con los siguientes consejos:

• Elige los modelos con el menor consumo de energía posible. Estos equipos no tienen por qué llevar un etiquetado energético, pero el consumo de potencia debería indicarse en la caja. Puedes encontrar grandes variaciones entre productos similares, por lo que vale la pena buscar esta información.

• Si te resulta del todo imprescindible contar con una gran pantalla de televisión, opta por un equipo de proyección en lugar de una pantalla de plasma. El consumo de energía se incrementa proporcionalmente al tamaño de la pantalla, pero un equipo que proyecta la imagen sobre la pared puede ser del tamaño que se quiera con el mismo consumo de electricidad. Si el tamaño de la pantalla es menos importante, las televisiones más eficientes desde el punto de vista energético son los modelos de LCD de pantalla plana.

• Compra modelos que combinen diferentes funciones. Hace poco he sustituido mi viejo aparato de vídeo por uno que también reproduce y graba DVD. Muchos televisores ya incorporan el decodificador de TDT.

35 GUERRA A LOS VAMPIROS

Posiblemente, el aspecto más poco económico del incremento del número de aparatos electrónicos en el hogar es la cantidad de estos equipos que no cuentan con un interruptor de apagado. Los televisores y equipos de vídeo y DVD se manejan con un equipo de control remoto que sólo puede ponerlos en modo de espera *(standby)*.

Entre los equipos que más electricidad consumen en este modo de espera se encuentran, sorprendentemente, las consolas de juego. Si no se apagan del todo, permanecen en modo «ocioso» de forma indefinida, consumiendo la misma cantidad de energía que cuando se está jugando.

Otra cosa que deberíamos saber para mejorar nuestra conciencia ambiental tiene que ver con los aparatos que necesitan ser recargados con un adaptador externo. Ciertamente, las máquinas recargables contribuyen en principio a mejorar el medio ambiente ya que no necesitan pilas, pero es fácil dejar los cargadores conectados, lo que supone un despilfarro absoluto de energía (más de mil millones de cargadores nuevos se fabrican en todo el mundo cada año).

Intenta seguir estos consejos para derrotar de una vez por todas
a los «vampiros electrónicos» que puede haber en tu casa:

• Apaga todos los aparatos, ya sea con el interruptor manual o bien
con la clavija, lo que te resulte más sencillo.

• Si los aparatos no disponen de interruptores, conéctalos a un ladrón
dotado con interruptores individuales para cada clavija. De esta manera,
te resultará mucho más fácil apagar un aparato sin tener que dejar todos
los demás en espera (standby).

• Elige los modelos que tengan un bajo consumo en espera (standby).
Suele mostrarse en la caja, y es recomendable que sea inferior a un vatio.

• Todos los cargadores deberían desenchufarse si no se utilizan.
Para evitar recargar el teléfono móvil toda la noche, adquiere
el hábito de cargarlo nada más llegar a casa. Para cuando te vayas
a dormir estará totalmente cargado y podrás desenchufar el cargador.

36 LA EDAD DE LOS ORDENADORES

La instalación de una oficina en casa puede tener un enorme efecto sobre el consumo doméstico de electricidad. Al cabo del año, un único ordenador, con su correspondiente monitor e impresora, pueden suponer un coste de más de 125 € en la factura de electricidad anual si no tienes cuidado con su uso.

Los ordenadores consumen energía cuando están en espera, pero también suelen dejarse totalmente encendidos durante períodos prolongados; de hecho, es más probable dejarlos encendidos toda la noche que otros aparatos electrónicos. Ten cuidado con los programas aparentemente fiables que utilizan la memoria «libre» del ordenador para hacer otras cosas, como buscar mensajes alienígenas o analizar secuencias de ADN. Al utilizar estos programas, el ordenador utiliza casi tanta energía como cuando está trabajando, y acabarás pagando por ello.

Si a eso añadimos lo fácil que resulta dejar encendidos la impresora, el escáner y demás accesorios, utilizar el ordenador en casa entraña no pocos riesgos de malgastar la energía. A continuación te mostramos cómo evitarlo.

¿Ordenador de sobremesa o portátil?

Los ordenadores portátiles utilizan de promedio un 70% menos
de energía que un ordenador de sobremesa, por lo que, si es posible,
cómprate uno portátil. Ahorrarás espacio, además de una gran cantidad
de emisiones de dióxido de carbono y dinero.

Los ordenadores portátiles más eficientes desde el punto de vista
energético llevan el etiquetado Energy Star. Recuerda también que
los ordenadores contienen muchas toxinas y metales, y que todo
debe reciclarse al final de su vida útil. La mayoría de los centros de
reciclaje llevarán los equipos electrónicos a una planta especializada.

Elegir el modelo

Como otros equipos electrónicos, los ordenadores con más aplicaciones
tienden a utilizar más energía, ya que sus procesadores y monitores
son más rápidos y grandes. Pero existe una gran variedad, incluso
entre productos bastante similares, así que lee siempre la letra pequeña
y no compres un equipo con más procesadores de los que necesites.

Recuerda revisar el consumo energético en espera *(standby)* y en
modo de ahorro de energía (o hibernación), además del consumo
durante el uso. Como los modos de espera o de ahorro de energía
pueden activarse durante períodos prolongados, incluso una pequeña
diferencia puede suponer el ahorro de grandes cantidades de energía.

¿HIBERNACIÓN, MODO EN ESPERA O APAGADO?

Los ordenadores consumen distintas cantidades de energía según la intensidad del trabajo que están desarrollando. Evita, por tanto, utilizar muchos programas a la vez dejándolos en espera, ya que consumirán la misma cantidad de energía que si los estuvieras utilizando.
Los salvapantallas pueden ser muy bonitos, pero definitivamente no son la mejor manera de ahorrar energía.

Modo de hibernación

Puedes ajustar el ordenador para que entre en modo de hibernación cuando se deja de usar el teclado o el ratón durante un cierto período de tiempo. Elige un tiempo prudente, como cinco o diez minutos, de manera que, una vez transcurrido, el ordenador apague la mayoría de las funciones que consumen energía pero permanezca listo para arrancar cuando regreses.

Modo de espera

Cuando apagas el ordenador y todas las luces se apagan, puedes pensar que no consume ningún tipo de energía. Pero no es así: incluso en modo de espera, algunos componentes en su interior permanecen activos, consumiendo hasta 10 W de potencia en algunos modelos. Si se emplea de forma continua, esto representa un consumo entre 10 y 11 € al año en electricidad. No es mucho, pero estarían mejor empleados en alguna ONG que en un ordenador que no realiza ninguna función.

Apagado

La única manera de asegurarse de que el ordenador realmente está apagado es desconectándolo con la clavija. Por cierto, es también el cortafuegos más efectivo: un ordenador apagado es del todo inaccesible a *hackers* y demás visitantes indeseables.

Monitores

La mayoría de los ordenadores en las oficinas cuentan hoy en día con monitores de pantalla plana LCD, pero es muy probable que en casa aún cuentes con un aparatoso monitor de tubo catódico (CRT).

Además de ocupar más espacio, un monitor CRT también desprende una gran cantidad de calor y consume alrededor de cinco veces más energía que un modelo LCD. Así, sustituir el monitor en cuestión puede suponer un ahorro de casi 40 € al año en costes de funcionamiento. Por otro lado, recuerda que el consumo de energía se incrementa si la pantalla es de mayor tamaño, así que no compres una más grande de lo necesario. Una vez más, elige los modelos con etiquetado Energy Star para lograr un mayor ahorro.

Impresoras

Las impresoras consumen todavía más energía en espera que los ordenadores, no suelen tener modo de hibernación y el interruptor no suele apagarlas del todo. De nuevo, la solución está en desconectar la clavija. Si ésta se encuentra poco accesible, compra un adaptador con múltiples enchufes provistos de interruptores individuales, de manera que se pueda apagar la impresora (y otros periféricos, como los escáners) excepto cuando realmente los necesites.

UTILIZARLOS CON BUEN FIN

Los ordenadores domésticos no tienen que ser una carga para el planeta. También puedes utilizar los servicios de Internet para ahorrar energía:

• Compra por correo en lugar de desplazarte hasta las tiendas.
• Busca productos más ecológicos *on-line*.
• Utiliza los servicios de descarga de música y películas para reducir la energía utilizada en la fabricación de CD y DVD.

¿CÓMO SE GENERA LA ELECTRICIDAD?

Casi cualquier tipo de energía puede convertirse en electricidad. Hoy en día, la mayoría de la electricidad se produce en grandes centrales eléctricas que queman combustibles fósiles como carbón, petróleo o gas, que contienen la energía del sol captada por las plantas hace millones de años.

Los combustibles fósiles no son una fuente renovable de energía. De hecho, se están agotando rápidamente y, aunque duraran mucho tiempo más, no podríamos consumirlos sin infligir un enorme daño al clima mundial con todo el dióxido de carbono que emitiríamos.

La energía nuclear es otra manera contaminante de generar electricidad. Al igual que la energía fósil, proviene de una fuente no renovable, el mineral de uranio, que es escaso y debe extraerse y procesarse antes de poder utilizarse en las plantas eléctricas. Debido a las grandes dimensiones de las centrales nucleares y los numerosos problemas de seguridad que plantean, la energía nuclear es cara y, además, genera grandes cantidades de residuos peligrosos, con los que aún no sabemos qué hacer.

En cambio, la energía limpia y renovable del viento, el sol y las mareas no se agotará y no produce contaminación alguna, y ya contamos con diferentes tecnologías (tanto antiguas como nuevas) que permiten aprovechar esta energía verde. Cada una presenta sus propias ventajas e inconvenientes, y todas ellas tendrán que utilizarse combinadas para producir electricidad en el futuro.

Energía solar

Ya hemos visto cómo el calor del sol puede utilizarse para obtener agua caliente. Las células solares fotovoltaicas se fabrican a partir de semiconductores que convierten la energía luminosa directamente en electricidad. No tienen partes móviles, por lo que son fáciles de mantener y pueden integrarse en los edificios para producir la energía en el mismo lugar en que será consumida. En las zonas más soleadas del mundo, como California, se están empleando grandes series de paneles solares para generar tanta electricidad como la de una central convencional, y en áreas en las que es difícil acceder a la red de suministro, la energía solar es con frecuencia la manera más barata de obtener electricidad.

La electricidad solar ofrece numerosas ventajas, pero el inconveniente obvio es que sólo puede generarse durante el día.

Energía eólica

La energía del viento es una de las formas más antiguas de energía renovable que ha utilizado el ser humano (los barcos de vela han sido impulsados por el viento durante miles de años y los molinos de viento forman parte del paisaje de muchos paises).

Los aerogeneradores oscilan desde las pequeñas máquinas de 1 kW para casas y caravanas hasta las enormes turbinas de 3 MW en el mar. La energía eólica es un sector en rápido crecimiento: ya genera 25.000 MW en todo el mundo, aunque sólo se trata de una pequeña fracción del enorme potencial de esta fuente renovable.

Al igual que la energía solar, la cantidad de energía eólica varía con el clima, pero como la velocidad del viento puede predecirse, resulta una contribución muy útil a la red eléctrica.

Energía hidráulica

Ésta se obtiene de muchas maneras, entre ellas a partir de la corriente de los ríos, los saltos de agua y las olas del mar.

La energía hidroeléctrica se desarrolló en el siglo XX, cuando en los ríos de buena parte del mundo se construyeron embalses para aprovechar esta energía. La gigantesca presa Hoover de Estados Unidos se construyó en la década de 1930 sobre el río Colorado, y genera 2000 MW de potencia, que abastece de electricidad a los hogares de Arizona, Nevada y California.

La energía hidráulica puede producirse según la demanda. Sin embargo, las grandes presas o embalses causan un gran daño medioambiental, por lo que construir más no resulta una buena idea.

La energía mareomotriz utiliza la subida y la bajada de las mareas bajo el efecto de la gravedad del Sol y de la Luna. La energía se genera reteniendo el agua durante la pleamar detrás de una presa o en lagunas, y después se la permite fluir a través de turbinas durante la bajamar para generar electricidad.

Las corrientes de marea que fluyen con rapidez también pueden aprovecharse con turbinas submarinas, aunque esta tecnología aún se encuentra en sus primeras fases de desarrollo.

Las olas son una fuente gratuita e infinita de energía generada por los vientos que soplan sobre la superficie del océano. Es la forma más concentrada de energía renovable, aunque aún está sin explotar.

Varios tipos de turbinas de olas pueden atrapar esta energía para generar electricidad ya sea en la costa, donde rompen las olas, o en aguas más profundas en alta mar. Las turbinas de olas costeras son ideales para el rompeolas de un puerto y funcionan dejando que las olas empujen aire a través de una serie de cámaras estrechas que accionan las turbinas.

Otros mecanismos se colocan en la superficie del océano y se doblan con el paso de las olas, lo que permite generar electricidad a partir del movimiento de las juntas (*véase* el dibujo). Las primeras estaciones eléctricas mareomotrices de este tipo se están construyendo en Portugal y Escocia.

Biomasa

La electricidad renovable puede generarse quemando material orgánico como madera, paja o residuos animales. Este proceso produce pocas emisiones de dióxido de carbono, ya que los materiales quemados son de crecimiento o generación reciente, por lo que las emisiones que producen no contribuyen a aumentar el nivel total de dióxido de carbono en la atmósfera.

Resulta ideal utilizar la biomasa cuando el material que se incinera es realmente un producto de desecho al que no le queda otra utilidad que ir al vertedero. Desde 1998, una central eléctrica alimentada con los desechos de las granjas avícolas de la región ha generado electricidad para la ciudad de Thetford en Norfolk. Sin embargo, la conversión de grandes superficies de terreno para el cultivo de productos para ser quemados no es una buena idea debido al efecto que tiene sobre la producción de alimentos. La combustión de materiales que podrían destinarse a otros usos, o reciclarse para producir otros bienes, también constituye un uso inadecuado de la biomasa, y sobre todo, un despilfarro de energía. Según un informe de la Asociación Europea de la Industria de la Biomasa, ésta permitiría reducir las emisiones de CO_2 en cerca de mil millones de toneladas anuales, y podría satisfacer, dentro de 15 años, el 15% de la demanda eléctrica de los países industrializados.

Una ventaja de la energía obtenida a partir de la biomasa a pequeña escala es que puede situarse en lugares donde el calor generado puede utilizarse para proporcionar calefacción a los hogares y negocios. En las grandes centrales energéticas, por lo general construidas en lugares aislados, este calor se libera a la atmósfera, donde no se aprovecha. Las plantas pequeñas, que combinan el calor con la energía, suponen un aprovechamiento mucho más eficiente del combustible y una ayuda al planeta.

En casa, la biomasa resulta adecuada para proporcionar calor a través de una caldera o estufa alimentada con pellets de madera (para más información, *véase* la sección sobre calefacción).

37 COMPRA ENERGÍA MÁS VERDE

Ayuda a alentar la investigación sobre las energías renovables comprando electricidad más verde a tu compañía de suministro eléctrico.

La mejor política, como la que se aplica en Alemania y otros muchos países, es la que garantice mayores ingresos en el mercado eléctrico a las personas o compañías que generan energías renovables. Al asegurar que la electricidad verde se pagara a buen precio, el Gobierno alemán ayudó a convertir las turbinas eólicas y los paneles solares en una inversión atractiva, lo que permitió incrementar espectacularmente su capacidad en unos pocos años.

En el Reino Unido el Gobierno adoptó una política diferente, según la cual las compañías eléctricas debían comprar una cierta proporción de su electricidad de fuentes renovables. Así, podían crear tarifas «verdes» al redistribuir la energía renovable que debían adquirir.

Tarifas aún más verdes

La revista *Ethical Consumer* otorga a cada compañía eléctrica una calificación en función de su compromiso con el medio ambiente (www.ethiscore.com) (en España, WWF/Adena ha publicado un informe, dentro de su campaña *Cambia de Energía*, en el que clasifica las centrales eléctricas mundiales siguiendo criterios de sostenibilidad). En 2007, el National Consumer Council británico también emitió un informe titulado *Realidad o Retórica* en el que se analizan las diferentes tarifas disponibles (www.ncc.org.uk). En España, donde sólo una pequeña empresa genera electricidad verde y dos de las grandes compañías eléctricas ofrecen tarifas de electricidad verde, WWF/Adena ha realizado este mismo análisis, con no muy buenas noticias.

GENERA TU ELECTRICIDAD

Todos los proyectos de energía verde, tanto a pequeña como a gran escala, serán necesarios para suministrar la electricidad que necesitaremos en el futuro. Al generar tu energía renovable en casa, reducirás la factura eléctrica, ayudarás a consolidar una nueva industria más sostenible y reducirás tus emisiones de dióxido de carbono.

Cada hogar requiere un tipo diferente de tecnología, y la mejor opción para cada uno depende del lugar de residencia, al igual que de su composición, por lo que conviene que consultes a un experto antes de comprar cualquier equipo. Entre los sistemas de energía renovable que se han empleado con más éxito en los hogares destacan los paneles solares, los aerogeneradores en el tejado, las calderas de pellets de madera y las bombas de calor tierra-agua y aire-agua.

Las administraciones suelen conceder subvenciones para incentivar el uso de energías renovables en el ámbito doméstico, aunque suelen tener una duración limitada.

En el Reino Unido, el Energy Saving Trust y el Low Carbon Buildings Programme ofrecen asesoramiento e información sobre las subvenciones disponibles.

Visita sus páginas web para obtener más información:
www.energysavingtrust.org.uk
www.lowcarbonbuildings.org.uk

AHORRAR ENERGÍA
EN LA COCINA

Un 15% de la electricidad que se consume en el hogar tiene su origen en la cocina, donde se encuentran algunos de los electrodomésticos de mayor consumo, por lo que es un lugar ideal para buscar ideas destinadas a ahorrar energía.

Existen muchas maneras de ahorrar energía mientras cocinamos, y hay muchas cosas más que puedes hacer para reducir el impacto de los electrodomésticos, como los frigoríficos, además de limitarte a comprar modelos de eficiencia A.

39 AHORRA ENERGÍA MIENTRAS COCINAS

Cocinar supone entre un 6% y un 8% de nuestro consumo total de energía en el hogar, donde los hornos y fogones representan alrededor de una tercera parte de éste.

El resto proviene de tostadoras, microondas y la colección de picadoras, mezcladoras, licuadoras, batidoras y parrillas eléctricas que acumulamos, nos guste o no. Me gustaría saber cuántas personas siguen utilizando la licuadora que recibieron por Navidad el año pasado.

Dado que cocinar es la actividad que más energía consume en la cocina, vale la pena adoptar las siguientes medidas para reducir el despilfarro al mínimo:

• Utiliza el recipiente del tamaño adecuado para la comida, y el quemador del tamaño adecuado al recipiente.

• Coloca una tapa sobre las cacerolas para acelerar la cocción y, de paso, consumir también menos energía. Con una tapa que ajuste bien, incluso puedes bajar el fuego.

• No pongas demasiada agua en las cacerolas; cubrir los alimentos es suficiente, sobre todo si pones una tapa.

• Utiliza el hervidor para calentar el agua con la que vayas a cocinar, en vez de la cacerola (la única ocasión en la que no deberías hacerlo es si quieres hervir huevos recién sacados del frigorífico, ya que podrían romperse al contacto con el agua hirviendo).

• Pon en el hervidor sólo el agua que necesites.

• La pasta no tiene por qué hervirse a fuego vivo. Viértela en el agua hirviendo, espera que ésta vuelva a hervir y entonces apaga el fuego y coloca una tapa que ajuste bien sobre la cacerola. Después del tiempo de cocción normal, la pasta estará lista para comer.

40

UTILIZA MEJOR EL MICROONDAS

Casi todos nosotros tenemos un microondas en la cocina. Suelen consumir mucha menos energía porque, a diferencia del horno tradicional, las ondas únicamente calientan la comida, no todo el aparato.

El microondas resulta ideal para calentar las sobras o una taza de leche. También sirve para hervir las verduras «al vapor» (con una pequeña cantidad de agua y una tapa que ajuste bien). Preparar un flan en una cacerola puede requerir horas, pero sólo unos cuantos minutos en el microondas.

Un buen ejemplo de uso del microondas es preparar patatas al horno. El tiempo de cocción se reduce de forma drástica si se realiza en el microondas, aunque los últimos veinte minutos en el horno resultan del todo esenciales si quieres que la piel quede deliciosamente crujiente.

Sin embargo, cocinar con microondas puede tener sus inconvenientes si terminas comprando un montón de comidas preparadas de los supermercados. Puede ser que éstas requieran tan sólo cinco minutos de preparación en el microondas, pero en total habrán consumido muchísima energía durante su proceso de preparación.

Una comida preparada típica contiene ingredientes que provienen de todos los rincones del mundo, que se han cocinado en una fábrica, después se han congelado y envuelto en una gran cantidad de envases (que también deben transportarse hasta la fábrica), antes de llegar en un camión hasta el supermercado, donde una vez comprado el producto en cuestión, te lo llevarás a casa en coche, bicicleta o autobús para recalentarlo en el microondas.

En cambio, una comida cocinada en casa con verduras frescas, cultivadas en la localidad (y que sólo habrán consumido una cantidad mínima de combustibles fósiles para su cultivo y transporte), consume menos energía total incluso si se cocina durante una hora en el horno.

Y, por supuesto, la comida fresca también es mucho más sana que los productos procesados, que además están llenos de sal y productos químicos.

41 ETIQUETADO ECOLÓGICO

Las calificaciones energéticas se basan en los patrones de uso más ecológicos, que no son precisamente los que solemos seguir en nuestra vida cotidiana. Se asemeja un poco a lo que ocurre con las cifras de consumo de combustible de nuestros automóviles, que se prueban sobre un circuito que simula las condiciones óptimas de conducción, por lo que resulta difícil lograr las mismas cifras en la vida real.

Electrodomésticos «fríos»

Los frigoríficos y los congeladores, en particular, pueden convertirse en unos devoradores de energía si no se mantienen y utilizan con cuidado. Sigue los siguientes consejos para disfrutar de unos electrodomésticos tan ecológicos como marca su etiquetado:

- No compres un frigorífico que supere tus necesidades reales.
- Mantenlos alejados de la caldera y el horno, o tendrán que trabajar más de lo necesario. El lugar ideal es en un garaje o una bodega sin calefacción.
- Mantén el congelador lo más lleno posible, pero vacía el frigorífico con regularidad.
- Nunca metas comida caliente en un frigorífico o un congelador.
- Descongela el frigorífico y el congelador con regularidad, ya que la acumulación de hielo los hace menos eficientes.
- Elimina el polvo de la rejilla trasera del frigorífico, de manera que pueda eliminar el calor por radiación rápidamente.
- Revisa las gomas de la puerta (un trozo de papel debería quedar sujeto entre la puerta incluso tirando de él suavemente). Si tienes un frigorífico o un congelador que hace hielo a menudo, es posible que las gomas estén deterioradas.

Electrodomésticos «de agua»

El etiquetado energético de una lavadora se basa en el ciclo de lavado
más eficiente, que suele aparecer indicado como «eco».

Este programa acostumbra a ser un poco más largo que los demás,
pero esperar unos veinte minutos adicionales no suele ser un problema
en estos casos. Utiliza el ciclo ecológico siempre que te sea posible
y podrás sacar el mayor partido de tu lavadora.

Los resultados de los ensayos también se basan en el lavado
de una carga completa. Esto es, con el tambor lleno del todo. Aunque
por instinto te parezca que es mejor dejar algo de espacio libre para
la ropa, es mucho mejor que la lavadora esté muy llena (la ropa perderá
volumen en cuanto se moje).

ENERGÍA VIRTUAL

Prácticamente todas las cosas tienen un coste energético. Al intentar vivir una vida más ecológica tendemos a preocuparnos por las actividades que suponen un consumo evidente de combustible, como los viajes y la calefacción. Sin embargo, los bienes que compramos también contribuyen indirectamente al cambio climático.

El impacto climático de nuestras compras depende de tres factores:
- La energía empleada en su fabricación (que proviene de la minería y el procesamiento de las materias primas y su posterior manufactura).
- La energía consumida para transportarlas de la fábrica hasta la tienda.
- La energía que consumen en su vida útil.

En el caso de un coche, la energía que se utiliza para fabricarlo es tan sólo una pequeña proporción de su coste energético, que se compone principalmente del combustible quemado mientras el automóvil está en marcha. De manera similar, se utiliza mucha más energía en el lavado y el secado de una pieza de ropa durante su vida útil que la que se consume en su manufactura.

Pero para otros artículos, como los muebles, los juguetes, los materiales de construcción y los libros, la energía virtual es la mayor fuente de emisiones de dióxido de carbono. Muchos productos se comercializan a nivel internacional, y las emisiones de carbono virtuales no constan en el cómputo de los países en los que se consumen dichos productos. Y si lo hicieran, los lugares en los que se compran la mayoría de los bienes manufacturados registrarían unas emisiones mucho mayores, mientras que otros países como China, donde se fabrican muchos productos, tendrían unas emisiones menores.

Así que, incluso si no te supone un ahorro de dinero ni ayuda al Gobierno a cumplir sus objetivos, la reducción de la energía virtual en los bienes que compras es otra manera importante de ahorrar energía. Hay muchas maneras de hacerlo, desde hacer que las cosas duren mucho más hasta comprar artículos reciclados o fabricados a partir de materiales con poca energía virtual.

42 REPARAR, REUTILIZAR, RECICLAR

Al evitar los artículos fabricados con materias primas recién extraídas estás contribuyendo a reducir las emisiones. Las tres R es la manera más sencilla de recordar estos principios básicos.

Reparar

Prolonga la vida útil de los artículos reparándolos cuando se estropeen. Poner suelas o tacones nuevos a los zapatos para mantenerlos en buen estado no sólo ahorra recursos, sino también el tiempo que necesitamos hasta que cedan y resulten cómodos. En más de una ocasión se me ha roto un tacón al poco de lograr que mi par de zapatos favorito se hiciera a mis pies.

Reutilizar

Si buscas mobiliario de calidad de segunda mano, busca los diseños clásicos del siglo xx en mercadillos o subastas. La ropa de segunda mano puede obtenerse a muy buen precio; además, su nivel de energía virtual es muy bajo. Recuerda que el número de diseñadores que confeccionan ropa y calzado a partir de materiales reciclados no deja de aumentar.

Reciclar

Cuando los productos hayan finalizado su vida útil, asegúrate de colocarlos en el cubo de reciclaje correcto, de manera que la materia prima pueda volver a emplearse sin tener que volver a obtenerla desde un principio, lo que consume mucha energía: se ahorran más de 300 kg de dióxido de carbono por cada tonelada de vidrio reciclado empleado en lugar de vidrio nuevo.

ARTÍCULOS POCO CONTAMINANTES 43

La energía virtual de la mayoría de los productos no aparece indicada en la etiqueta y las más de las veces resulta difícil de calcular. Pero hay maneras de saber la cantidad de energía consumida en los artículos que compramos sin necesidad de llevar una calculadora y un montón de libros de consulta a las tiendas.

Aquí tienes algunos consejos generales:

- Los materiales reciclados o reutilizados sólo contienen una fracción de la energía virtual de los materiales nuevos.
- Los productos diseñados para ser duraderos y que se utilizan una y otra vez consumen mucha menos energía que los productos desechables.
- Los bienes producidos en la zona son los mejores, ya que reducen la energía necesaria para hacerlos llegar a los comercios. La reducción de las emisiones del transporte es mayor en el caso de los productos pesados, como los líquidos.
- Los artículos metálicos tienen una energía virtual muy elevada debido a las altas temperaturas necesarias para extraer los metales de los minerales y convertirlos en placas, hojas o barras.
- La madera tiene una energía virtual mucho menor, pero hay que evitar la que no garantice un origen legal y sostenible.

La energía virtual de los alimentos que consumimos también genera una gran cantidad de emisiones de dióxido de carbono. Consulta la sección sobre el ahorro de agua para saber más sobre la reducción del impacto ambiental de nuestra alimentación.

AHORRAR ENERGÍA
EN EL TRABAJO

Nuestro lugar de trabajo puede ser una sangría de recursos mundiales. Los empresarios superocupados no siempre colocan el medio ambiente en primer lugar en su lista de objetivos, y se pierden no pocas oportunidades de ahorrar energía simplemente porque mucha gente no considera que sea parte de su trabajo.

Si ocupas un cargo de responsabilidad, busca la oportunidad de introducir medidas de ahorro de energía en la empresa, lo que de paso te ahorrará una gran cantidad de dinero.

La etiqueta ecológica también presenta ventajas en el mundo empresarial. Al haber cada vez más clientes y proveedores con conciencia ecológica, contar con una política ambiental (respaldada a ser posible por alguna acreditación ecológica) te puede ayudar a expandir el negocio, así como a fidelizar a un mayor número de clientes.

Si eres un mero empleado, presentar una iniciativa ecológica y proponer medidas para el ahorro de energía pueden suponer un interesante impulso tanto para tu carrera profesional como para el medio ambiente. Siempre resulta ventajoso ser la persona que ayuda a la empresa a ahorrar dinero en sus facturas y ayuda a mejorar su imagen.

En tu escritorio ajusta el ordenador de forma que ahorre energía de la misma manera que el de casa (*véase* consejo 36). Si cuentas con un departamento de informática, pídeles que emitan una circular solicitando al resto de los empleados que también hagan lo mismo. Si no lo hay, o sus responsables están demasiado ocupados, escribe la nota tú mismo.

Recurrir a un poco de creatividad para ser más ecológicos en el lugar de trabajo es una situación ¡en la que todos ganan!

44 REALIZA UNA AUDITORÍA ENERGÉTICA

El Gobierno del Reino Unido ha creado The Carbon Trust para ayudar a las empresas a reducir sus emisiones de dióxido de carbono.

Esta organización lleva a cabo una encuesta de eficiencia energética detallada para cualquier empresa con una facturación energética superior a las 50.000 £ anuales (unos 62.000 €), tras la cual un grupo de expertos sugieren una amplia gama de medidas con un coste mínimo.

Para empresas más pequeñas, la página web del Carbon Trust ofrece numerosas herramientas *on-line* para evaluar el grado de eficiencia energética y definir un plan de ahorro. Su herramienta de *benchmarking* permite comparar la empresa con otras de tamaño y actividad similares.

También proporcionan carteles y pegatinas para colocar en el lugar de trabajo y recordar así a los empleados la necesidad de apagarlo todo. Una oficina desperdicia unas 6000 £ al año (unos 7000 €) sólo por dejar equipos encendidos fuera de las horas de trabajo, por lo que puede suponer un ahorro significativo.

Si prefieres una auditoría detallada de la empresa, lo mejor es contratar a alguna consultora medioambiental, que se amortizará rápidamente con la reducción en la factura energética.

Y no te olvides de considerar también los desplazamientos relacionados con el negocio. ¿La empresa podría invertir en tecnología de videoconferencia y ahorrar dinero en billetes de avión, además de ingentes cantidades de dióxido de carbono?

Los incentivos para animar a los empleados a ir a trabajar en bicicleta o transporte público son una buena manera de hacer llegar el mensaje ecológico. Por lo que respecta a los viajes de negocios, ¿por qué no sugerir que todas las dietas de viaje se paguen por kilómetro sea cual sea el modo de transporte elegido (suele ser el automóvil), de manera que quienes los cobran para asistir a reuniones puedan percibir la misma cantidad incluso si van en tren o bicicleta?

45 IMPRESORAS Y FOTOCOPIADORAS

Las impresoras y fotocopiadoras láser utilizan altas temperaturas para sellar el tóner una vez éste se ha transferido al papel. En modo de espera, estos equipos suelen consumir una gran cantidad de energía para mantenerlas calientes.

Debido a que las impresoras y fotocopiadoras suelen compartirse entre varias personas, suelen sufrir del clásico efecto de la «tragedia de los bienes compartidos», esto es, nadie asume la responsabilidad de apagarlos y al final terminan encendidos 24 horas al día.

La manera más simple de asegurarse de que estos equipos no se queden encendidos y consumiendo energía después de que todos se hayan ido a casa es colocando un gran cartel al lado.

Algo así como «Si eres el último en la oficina, y estás haciendo tus últimas fotocopias, por favor apágame» debería ayudar a reducir el número de ocasiones en que se quedan encendidas en el futuro.

Otras maneras de reducir la energía empleada en la impresión (y ahorrar papel también):
• Animar a los trabajadores a añadir una nota a sus correos electrónicos en la que se lea «Por favor imprime este correo sólo si es absolutamente necesario».
• Sustituir las numerosas impresoras de sobremesa por un equipo que incluya fax, impresora y fotocopiadora para cada diez trabajadores aproximadamente (la pequeña caminata que supone ir a recoger el documento impreso reducirá la tentación de imprimir todos los documentos entrantes, y de paso se reducirá también el número de equipos que deben apagarse al final del día).

ILUMINACIÓN DE BAJO CONSUMO 46

Por razones de salud y seguridad, los puestos de trabajo deben estar bien iluminados y esto supone la instalación de un gran número de bombillas, por lo que no hay excusa para no utilizar fluorescentes y bombillas de bajo consumo para iluminar la oficina, el taller o la fábrica. Recuerda que suponen un ahorro significativo en mantenimiento y en la factura de electricidad.

Si tu puesto de trabajo es un poco oscuro y necesitas una luz de sobremesa, las pequeñas lámparas LED constituyen una buena inversión, ya que sólo consumen una mínima cantidad de electricidad y son ideales para este propósito.

47 NI FRÍO NI CALOR

Si la oficina cuenta con un aparato de aire acondicionado o calefacción, asegúrate de que el termostato se ajusta a las necesidades de la estación. Si todos llevan puesto un jersey y están tiritando en pleno verano, o llevan manga corta en enero, no lo dudes: hay que reajustar el termostato.

Un lugar de trabajo sin aire acondicionado puede llegar a ser demasiado cálido en verano. Una opción es abrir las ventanas de manera estratégica para aprovechar al máximo el flujo de aire sin crear corrientes molestas. Dejar una pequeña abertura en la parte superior e inferior de una ventana de guillotina puede suponer una gran diferencia en la temperatura de la oficina sin por ello hacer que los papeles vuelen por la habitación cada pocos minutos, y sin necesidad de que cada uno tenga un ventilador en la mesa.

En función del lugar de trabajo las necesidades son diferentes. Así, un taller puede estar abierto y hará mucho frío en invierno. Antes de calentar todo el espacio con un calefactor de gas, ten en cuenta que las lámparas infrarrojas direccionales permiten proporcionar calor justo en la zona de trabajo y ahorrar una parte de energía.

ESTRATEGIAS A LARGO PLAZO 48

Algunas medidas para el ahorro de energía, como el doble acristalado o la sustitución de las bombillas, sólo pueden llevarse a cabo cuando se remodela un lugar de trabajo.

Asegúrate de que el ahorro de energía se convierte en una prioridad cuando surjan estas oportunidades, alentando a tu jefe a establecer una estrategia a largo plazo para el ahorro de energía y la reducción en las emisiones de dióxido de carbono de toda la empresa.

Este documento resulta de gran ayuda cuando alguien quiera saber lo que hace tu empresa para cuidar el medio ambiente, y el registro por escrito de los objetivos marcados debería garantizar que se tomen en consideración cuando se realicen reformas o se formalicen nuevos contratos de suministro.

AHORRAR ENERGÍA ENTRE TODOS

Reunirse con otras personas interesadas en la protección del medio ambiente para organizar y promover el ahorro de energía suele ser mucho más efectivo que si lo hace uno solo. El ahorro puede ser muy significativo si todos se apoyan mutuamente, y sin duda puede resultar muy divertido.

49 UNA CALLE A LA VEZ

Puedes conseguir un importante ahorro en mano de obra si la empresa de instalación de equipos o de reformas puede trabajar en más de una casa a la vez.

Si piensas rellenar las paredes con aislamiento, ¿por qué no consultas con los vecinos por si tienen la misma idea? Si conseguís varios presupuestos diferentes, es posible que también logréis un ahorro significativo.

Si todas las casas de los alrededores tienen tejados orientados al sur, y tienes la idea de instalar placas solares para calentar el agua, es posible que también les interese a tus vecinos. Antes de hacerlo solo, solicita a una empresa de confianza que haga una presentación sobre sus productos e invita a tus vecinos y aprovecha para comentar el tema con ellos.

Si tiene varios clientes potenciales, es posible que una empresa esté dispuesta a recortar el presupuesto. E incluso si los demás no están tan entusiasmados con la idea, consultar e involucrar a tus vecinos en la reforma facilitará que no te pongan impedimentos de ningún tipo.

INVOLUCRA
A TODA LA CIUDAD

Ashton Hayes es famosa por haberse fijado la meta de convertirse en la primera ciudad con emisiones de dióxido de carbono neutras en toda Inglaterra.

Todo comenzó con un foro público en 2006, y sus habitantes prepararon ambiciosos planes para reducir el uso excesivo de la energía en todos los ámbitos, así como para ayudarse entre sí a la hora de ahorrar energía y generar energía verde.

Hasta ahora:

• Han recogido datos de cada casa de la ciudad para calcular las emisiones de dióxido de carbono (ligeramente por encima de la media).
• Han obtenido fondos para construir un nuevo sendero seguro hasta la estación y de esa manera evitar que la gente utilice el automóvil.
• Han obtenido permiso para instalar un aerogenerador en la escuela local.

Se han instalado muchos paneles solares para calentar agua en las casas, y se anima a los habitantes de los alrededores a que las visiten y comprueben por sí mismos las ventajas del proyecto.

El *pub* de la localidad también está haciendo los deberes y está comenzando a utilizar productos locales en las comidas, así como a reducir el consumo de electricidad; además, está pensando en instalar placas solares para calentar el agua.

Sigue sus pasos en: www.goingcarbonneutral.co.uk

INFORMACIÓN Y CONSEJOS

AGUA

Ahorrar agua en casa
Ministerio de Medio Ambiente. Dirección General del Agua.
www.mma.es/portal/secciones/aguas_continent_zonas_asoc/

Agència Catalana de l'Aigua (ACA).
Expone actuaciones y consejos para ahorrar agua en la casa.
www.gentcat.cat/aca >Participación>Campañas de sensibilización>Ahorro de agua: consejos prácticos

Por un futuro sostenible.
www.oei.es/decada/accion06.htm

Consumo Responsable.
www.consumoresponsable.org

En Buenas Manos.
www.enbuenasmanos.com/articulos/muestra.asp?art=139

Mujeractual.com. Consejos para ahorrar agua.
www.mujeractual.com/familia/temas/agua.html

Agua virtual
Soitu.es. La huella del agua.
www.soitu.es/soitu/2008/03/13/medioambiente/1205431204_498033.html

Comsumer Eroski. Huella hidrológica.
www.consumer.es/web/es/medio_ambiente/urbano/2008/03/27/175693.php

Borsa de Subproductes de Catalunya. Bolsa de subproductos, gestores
de residuos.
www.subproductes.com

Birzitek. Compra verde, productos reciclados.
www.birzitek.net/es/servicios/promover_productos.asp

Ser más vegetariano
www.productos-ecologicos.com/enlaces.html
www.tiendadefruta.es
www.recapte.com
www.Ecoveritas.es
www.terra.org/html/s/producto

www.DirectNaranjas.com
www.freshandeasy.es
www.shopo.tv/huertoencasa
www.cocinayhogar.com
(web con recetas de cocina)

Restaurantes vegetarianos
www.restaurantesvegetarianos.es/

Nosaltres.cat. Restaurantes vegetarianos.
www.nosaltres.cat/www/seccio?p_idint=397200

Red Alternativa ofrece información sobre asociaciones vegetarianas.
www.redalternativa.com/asociacionesvegetarianas.htm

Ahorrar agua en el jardín

Asociación Vida Sana ofrece formación en Horticultura ecológica;
dispone de un centro de documentación.
www.vidasana.org

AGAPEA
www.agapea.com/libros/Jardineria-con-poca-agua-Crear-jardines-isbn-8493277932-i.htm

Holistika.net ofrece información sobre agricultura ecológica y ahorro de agua.
www.holistika.net/agroecologia/el_huerto_ecologico/ahorrar_agua_en_la_agricultura_
ecologica.asp

Consumer Eroski ofrece consejos para ahorrar agua en el jardín.
www.consumer.es/web/es/economia_domestica/servicios-y-hogar/2007/08/21/166010.php

En Buenas Manos.
www.enbuenasmanos.com/articulos/muestra.asp?art=139

Tejados vivientes (o verdes)

Zinco es una empresa especializada en tejados verdes ecológicos.
www.zinco-cubiertas-ecológicas.es

Intemper ofrece diversas posibilidades de muros y cubiertas ecológicas.
www.intemper.es

http://elblogverde.com/tejados-ecologicos-con-vegetacion-encima

Institució Catalana d'Història Natural. Facilita la información sobre la biodiversidad.
www.iecat.net/institucio/societats/ICHistoriaNatural/

ENERGÍA

Aislamiento, calefacción y aire acondicionado

Institut Català d'Energia (ICAEN). Su misión es sensibilizar a la sociedad catalana sobre la
necesidad de utilizar la energía de forma racional y eficiente, la implantación progresiva
de las energías renovables y la obtención de un sistema energético más competitivo y sostenible.
Elabora estudios, informes y recomendaciones de aplicación de tecnologías energéticas y hace
campañas y actuaciones específicas dirigidas a los usuarios.
www.icaen.net

Enysol Energía Solar se dedica a la distribución, diseño e instalación de energía solar térmica, fotovoltaica (aislada y conectada a red) y calefacción por suelo radiante.
www.enysol.com

La Dirección General de Industria, Energía y Minas, en Madrid, ha publicado *Sistemas automáticos de calefacción con biomasa en edificios y viviendas*, una guía práctica que analiza las posibilidades de utilización de la biomasa como fuente de energía para producción de calefacción y agua caliente sanitaria. Se puede acceder al texto desde la web.
www.madrid.org >Consejerías>Economía y Hacienda>D.G. de Industria, Energía y Minas

Grupo Nova Energía. Compañía distribuidora de diversas marcas de calderas para calefacción ecológica.
www.gruponovaenergia.com

AyudasEnergia.com. Noticias, guías y ayudas para mostrar el camino más fácil a todos los interesados en beneficiarse de la energía solar, la biomasa y el ahorro de energía.
www.AyudasEnergia.com

Aplesol. En su web pueden encontrarse documentos para consultar normativa o legislación sobre energías alternativas, así como los procedimientos para solicitar los distintos tipos de subvenciones.
www.aplesol.com/descarga.asp

Construible.es. Todo sobre la construcción sostenible. Se basa en la adecuada gestión y reutilización de los recursos naturales y la conservación de la energía. Guía de empresas y productos.
www.construible.es/

Agenda de la Construcció Sostenible. Información para tener una vivienda sostenible, con equipamientos para la recogida selectiva, reducción de ruido interno, utilización de la luz natural, energías renovables, materiales con ecoetiqueta y aprovechamiento del agua.
w2.csostenible.net/es_es

Electricidad verde

Centro de Investigaciones Energéticas, Medioambientales y Tecnológicas (CIEMAT). Tiene como objetivos principales: desarrollar fuentes energéticas alternativas, aportar soluciones para mejorar la utilización de los recursos y sistemas de generación de la energía y su repercusión en el medio ambiente.
www.ciemat.es

Instituto para la Diversificación y Ahorro de la Energía (IDAE). Organismo público de apoyo a la eficiencia energética y energías renovables con proyectos, asesoramiento y ayudas económicas. Su web dispone de bases de datos para consulta.
www.idae.es

Asociación de Profesionales de las Energías Renovables en Cataluña (APERCA). Contiene una guía de empresas asociadas.
www.aperca.org

Grupo Nova Energia ofrece soluciones integrales de energías renovables o productos de alta eficiencia energética.
www.gne.polnetwork.biz

Associació Eòlica de Catalunya (EolicCat). Grupo de empresas privadas interesadas en impulsar la energía eólica en Cataluña.
www.eoliccat.es

Asociación Europea por las Energías Renovables (Eurosolar). Ha realizado el estudio «Catalunya solar: el camino hacia un sistema 100% renovable», elaborado por un grupo de expertos catalanes y alemanes. El informe analiza la viabilidad de cubrir la demanda eléctrica en Cataluña con una combinación de energías renovables.
www.energiasostenible.org

Solarweb.net. Portal dedicado a la energía solar y eólica editado por y para amantes de las energías renovables.
www.solarweb.net

Asociación de Productores de Energías Renovables (APPA).
www.appa.es

Grup de Científics i Tècnics per un Futur no Nuclear (GCTPFNN). Los miembros de este grupo han escrito libros y artículos en diversas publicaciones.
www.energiasostenible.org

Asociación Española de Energía Solar (ASENSA). Agrupa a las empresas y profesionales de esta interdisciplina y abarca distintos ámbitos de actuación.
www.asensa.org

Asociación de Productores de Energías Renovables (APPA). Agrupa a más de doscientas pequeñas y medianas empresas que generan electricidad partiendo de fuentes de energía renovables.
www.appa.es

Energías Renovables. Medio muy completo sobre noticias temáticas relacionadas con energías renovables.
www.energias-renovables.com

Agencia Europea de Medio Ambiente (EEA). Centro de información que dispone de documentos, informes, publicaciones y bases de datos sobre medio ambiente en Europa.
www.eea.europa.eu

Fundación Tierra. Tiene como objetivo canalizar y fomentar iniciativas que favorezcan una mayor responsabilidad de la sociedad en los temas ambientales. La Fundación Tierra trabaja bajo el espíritu de que «los pequeños cambios son poderosos».
www.ecoterra.org

CENTRICA. Esta empresa ofrece claves para la rentabilidad y ahorro de energía.
www.centricaenergia.es

Ahorro de energía en la cocina

Instituto para la Diversificación y Ahorro de la Energía (IDAE). Entidad pública con la misión de promover la eficiencia energética y el uso racional de la energía en España, así como la diversificación de las fuentes de energía y la promoción de las energías renovables.
www.idae.es

Institut Català d'Energia (ICAEN). Elabora estudios, informes y recomendaciones de aplicación de tecnologías energéticas y hace campañas y actuaciones específicas, entre ellas el uso de electrodomésticos, dirigidas a los usuarios.
www.icaen.net

REPSOL. En su web encontrarás un calculador energético, con el que podrás saber cuánta energía consume tu vivienda en calefacción, cocina y agua caliente.
www.repsol.com/sa/casahogar/calculadorenergetico

Productos ecológicos
www.productos-ecologicos.com/enlaces.html
www.DirectNaranjas.com
www.tiendadefruta.es
www.freshandeasy.es

www.recapte.com
www.shopo.tv/huertoencasa
www.Ecoveritas.es
www.terra.org/html/s/producto

Revista *Userda*
www.userda.com

Asociación Vida Sana. Agricultura ecológica y centro de documentación.
www.vidasana.org

Borsa de Subproductes de Catalunya. Bolsa de subproductos, gestores de residuos.
www.subproductes.com

Biohabitat es la tienda virtual de la Fundación Tierra, una selección de productos para practicar un estilo de vida más sostenible. Biohabitat propone ideas para fomentar el uso de la eficiencia energética, valorar el poder de la radiación solar e impulsar la reutilización de las materias que utilizamos.
http://biohabitat.terra.org

Nigel's Eco Store. A través de la web, puede averiguar dónde adquirir sus productos en nuestro país
www.tuexperto.com

Ahorrar energía en el trabajo
Instituto para la Diversificación y Ahorro de la Energía (IDAE). Adscrito al Ministerio de Economía, a través de la Secretaría de Estado de Energía, Desarrollo Industrial y de la Pequeña y Mediana Empresa. La misión IDAE es promover la eficiencia energética y el uso racional de la energía en España, así como la diversificación de las fuentes de energía y la promoción de las energías renovables.
www.idae.es

Ecoestalvi.cat facilita información y recomendaciones para ahorrar energía y recursos naturales.
www.ecoestalvi.cat

Ahorrar energía entre todos
Energías Alternativas. Contiene un buscador y un foro sobre energías renovables
www.otrasenergias.com

Ecoestalvi.cat facilita información y recomendaciones para ahorrar energía y recursos naturales, bajo el principio de las tres R (Reducir, Reutilizar y Reciclar, ahorro de recursos y reducción de residuos).
www.ecoestalvi.cat/RRR/RRR.htm